O EVANGELHO COBRIU OS ESPINHOS DAS ROSAS

O "LIVRO DA ESPERANÇA", editado em 1964, pela Comunhão Espírita Cristã de Uberaba, com capa desenhada pelo artista Joaquim Alves, o nosso querido Jô, encerra uma belíssima história:

O inesquecível irmão de Araraquara, Joaquim Alves, na época, pintou algumas capas para o livro. Quando prontas, o amigo veio à nossa cidade. E na sede da CEC, junto a Chico Xavier, expôs seu belo trabalho. Espalhou as capas sobre a mesa e pediu ao Chico que escolhesse uma delas.

O querido benfeitor disse:

– Não, meu filho, é você mesmo que escolhe. Sua arte é maravilhosa. Não vou interferir em seu bom gosto. Escolhe você mesmo. A responsabilidade é sua.

Nisso, o Chico foi se retirando e olhando aquelas belas pinturas e, em dado momento, estacou observando uma delas e, após meditar um pouco, disse:

– Gente!... Olhem esta aqui. Que maravilha! Observem bem. Não é que o Evangelho cobriu os espinhos das rosas?! Esta capa é bem expressiva, vocês não concordam?

A alegria foi geral.

O Jô, feliz da vida, olhou para o Chico e disse:

– Eu sabia que você escolheria uma!

CEZAR CARNEIRO DE SOUZA

Uberaba (MG), 29 de setembro de 2016.

FRANCISCO CÂNDIDO XAVIER

LIVRO DA ESPERANÇA

PELO ESPÍRITO DE
EMMANUEL

EDIÇÃO CEC
COMUNHÃO ESPÍRITA CRISTÃ
Rua Euripedes Barsanulfo, 185 — Vila Silva Campos
Uberaba — M. G.

ESCLARECIMENTO AO LEITOR

Esta nova edição procura contemplar o texto do autor espiritual Emmanuel, psicografado por Francisco Cândido Xavier, conforme registrado na primeira edição, arquivada e disponível para consulta nos acervos da FEB (Patrimônio do Livro e Biblioteca de Obras Raras).

Dessa forma, as modificações ocorrerão apenas no caso de haver incorreção patente quanto à norma culta vigente da Língua Portuguesa no momento da publicação, ou para atender às diretrizes de normalização editorial previstas no *Manual de Editoração da FEB*, sem prejuízo para o conteúdo da obra nem para o estilo do autor espiritual.

Quando se tratar de caso específico que demandar explicação própria, esta virá como nota de rodapé, para facilitar a compreensão textual.

Para a redação de cada nota explicativa, sempre que necessário foram consultados especialistas das áreas afetas ao tema, como historiadores e linguistas.

A FEB reitera, com esse procedimento, seu respeito às fontes originais e ao fenômeno mediúnico de excelência que foi sempre a marca registrada do inesquecível médium Francisco Cândido Xavier.

FEB Editora

Brasília (DF), 2 de setembro de 2022.

LIVRO DA
Esperança

CHICO XAVIER

pelo Espírito

EMMANUEL

comentando noventa trechos de *O evangelho segundo o espiritismo*

LIVRO DA
Esperança

Copyright © 2022 by
FEDERAÇÃO ESPÍRITA BRASILEIRA - FEB

Direitos licenciados pela Comunhão Espírita Cristã à Federação Espírita Brasileira
COMUNHÃO ESPÍRITA CRISTÃ – CEC
Rua Professor Eurípedes Barsanulfo, 157/185 - Parque das Américas
CEP 38045-040 – Uberaba (MG) – Brasil

1ª edição – 2ª impressão – 2 mil exemplares – 3/2024

ISBN 978-65-5570-491-4

Todos os direitos reservados. Nenhuma parte desta publicação pode ser reproduzida, armazenada ou transmitida, total ou parcialmente, por quaisquer métodos ou processos, sem autorização do detentor do *copyright*.

FEDERAÇÃO ESPÍRITA BRASILEIRA – FEB
SGAN 603 – Conjunto F – Avenida L2 Norte
70830-106 – Brasília (DF) – Brasil
www.febeditora.com.br
editorial@febnet.org.br
+55 61 2101 6161

Pedidos de livros à FEB
Comercial
Tel.: (61) 2101 6161 – comercial@febnet.org.br

Adquirindo esta obra, você está colaborando com as ações de assistência e promoção social da FEB e com o Movimento Espírita na divulgação do Evangelho de Jesus à luz do Espiritismo.

Dados Internacionais de Catalogação na Publicação (CIP)
(Federação Espírita Brasileira - Biblioteca de Obras Raras)

E54l Emmanuel (Espírito)

    Livro da esperança / pelo Espírito Emmanuel; [psicografado por] Francisco Cândido Xavier. - 1. ed. - 2. imp. - Brasília: FEB; Uberaba: CEC, 2024.

    304 p.: 23cm

    Inclui índice geral

    ISBN 978-65-5570-491-4

    1. Bíblia e Espiritismo. 2. Obras psicografadas. I. Xavier, Francisco Cândido, 1910–2002. II. Federação Espírita Brasileira. III. Título.

CDD 133.93
CDU 133.7
CDE 20.03.00

SUMÁRIO

Livro da esperança 15
Obrigado, Senhor! 18
1 | Culto espírita 20
2 | Na presença do Cristo 23
3 | Na construção do futuro 27
4 | Perante o mundo 30
5 | No reino em construção 33
6 | Evolução e aprimoramento 36
7 | Ante o livre-arbítrio 39
8 | Instituto de tratamento 42
9 | O remédio justo 45
10 | Perante o corpo 48
11 | Em louvor da alegria 51
12 | Nós e o mundo 54
13 | Na hora da tristeza 57
14 | Cristãos sem Cristo 60
15 | Espíritas, instruí-vos! 63
16 | Ninguém é inútil 66

17 | Supercultura 69
18 | Pequeninos 72
19 | Companheiros mudos 75
20 | No domínio das provas 78
21 | Pacificação 81
22 | Amenidade 84
23 | Nos domínios da paciência 87
24 | Verbo nosso 90
25 | Donativo da alma 92
26 | Falar 94
27 | Na luz da indulgência 97
28 | Psicologia da caridade 100
29 | Meio-bem 103
30 | Beneficência e justiça 106
31 | Em favor da alegria 109
32 | Compaixão e socorro 112
33 | Compaixão sempre 115
34 | Deveres humildes 117
35 | Eles antes 120
36 | Na hora da assistência 123
37 | Exercício do bem 126

38 | Credores no lar 129

39 | Familiares 132

40 | Na intimidade doméstica 135

41 | Concessões 137

42 | Nas sendas do mundo 140

43 | Emprego de riquezas 143

44 | Dinheiro, o servidor 146

45 | Propriedades 149

46 | Moeda e trabalho 152

47 | Amigo e servo 155

48 | Bênção de Deus 158

49 | Dinheiro e serviço 160

50 | Conceito do bem 163

51 | Na construção da virtude 166

52 | Auxiliar 169

53 | Bênção maior 171

54 | Engenho divino 174

55 | Na forja da vida 177

56 | Cada servidorem sua tarefa 179

57 | Para e pensa 182

58 | Ter e manter 185

59 | Na exaltação do trabalho 187
60 | Tais quais somos 190
61 | Com o auxílio de Deus 193
62 | Auxílio e nós 197
63 | Ante os incrédulos 199
64 | Médiuns de toda parte 201
65 | Máximo e mínimo 204
66 | O espírita 207
67 | Tempo de hoje 210
68 | Ideia espírita 213
69 | Conjunto 216
70 | Ser espírita 219
71 | Diante da vida social 222
72 | Exterior e conteúdo 225
73 | Seara espírita 227
74 | Ler e estudar 230
75 | No caminho da elevação 233
76 | Uniões de prova 235
77 | Espiritismo e nós 238
78 | Ante o Divino Médico 242
79 | Estudo íntimo 245

80 | Nossas cruzes 248

81 | Campeonatos 251

82 | Auxílio do Alto..254

83 | Setor pessoal...257

84 | Palavras de Jesus..259

85 | Comunidade 262

86 | Pensamento espírita....................................265

87 | Ante a mediunidade...................................268

88 | Em louvor da prece 270

89 | Lembra-te auxiliando 273

90 | Ora e segue..276

Índice geral...280

LIVRO DA ESPERANÇA

Leitor amigo: este livro,[1] gravitando em torno de *O evangelho segundo o espiritismo*, cujas consolações e raciocínios pretende palidamente refletir, não tem outro objetivo senão convidar-nos ao estudo das sempre novas palavras de Cristo.

Muitos homens doutos falaram delas, através do tempo e alguns deles, decerto com a melhor intenção, alteraram-lhes, de algum modo, o sentido, para acomodá-las aos climas sociais e políticos em que viveram. "Os Espíritos do Senhor, que são as virtudes do Céu", entretanto, voltaram a interpretá-las, em sua expressão pura e simples, reafirmando-nos que, hoje quanto ontem, é possível a cada um de nós ouvir Jesus, no âmago da alma, a repetir-nos com segurança: "aquele que me segue não anda em trevas".[2]

---

[1] N.E.: Entendendo-se que algumas das páginas deste volume foram publicadas em órgãos diversos da imprensa espírita, convém explicar que Emmanuel, o autor espiritual, fez a revisão de todas elas, escolhendo, ele mesmo, as citações do Novo Testamento e de *O evangelho segundo o espiritismo* na abertura de cada capítulo para facilidade de confrontação e de estudo.

[2] *João*, 8:12.

Das esferas superiores, tornaram os mensageiros da Providência Divina, asseverando que Ele vive para sempre, junto de nós, sem desesperar de nossas fraquezas... Mestre abnegado, repete, indefinidamente, a mesma lição milhares de vezes; orientador, dá-nos serviço e aponta-nos o rumo certo na estrada a palmilhar; amigo, compreende-nos as faltas e incorreções sem privar-nos de auxílio; companheiro, caminha conosco, alentando-nos os sonhos, multiplicando-nos as alegrias das horas sem nuvens e enxugando-nos as lágrimas, nos dias de provação e desalento, sem humilhar-nos a pequenez.

Peregrinos da evolução, que todos ainda somos – os que lutamos por regenerar-nos, melhorar-nos e aprimorar-nos na Terra, na condição de encarnados e desencarnados –, ouçamos, com Allan Kardec, a explicação clara dos princípios evangélicos, que nos certificam de que ninguém está desamparado, que todos os homens são filhos de Deus e que nenhum está órfão de consolação e ensinamento, desde que se apresente nas fontes vivas da Boa-Nova, de espírito renovado e coração sincero!...

É por isso, leitor amigo, que em nos associando aos teus anseios de sublimação, que se nos irmanam na mesma trilha de necessidade e confiança, diante do primeiro centenário de *O evangelho segundo o espiritismo*, nós te rogamos permissão para nomear este livro despretensioso de servidor reconhecido, como sendo *Livro da Esperança*.

EMMANUEL

Uberaba (MG), 18 de abril de 1964.

OBRIGADO, SENHOR!

Há um século, convidaste Allan Kardec, o apóstolo de teus princípios, à revisão dos ensinamentos e das promessas que dirigiste ao povo, no Sermão da Montanha, e deste-nos *O evangelho segundo o espiritismo*.

Desejavas que o teu verbo, como outrora, se convertesse em pão de alegria para os filhos da Terra e chamaste-nos à caridade e à fé, para que se nos purificassem as esperanças nas fontes vivas do sentimento.

Mensagens de paz e renovação clarearam o mundo!

Diante das tuas verdades que se desentranharam da letra, abandonamos os redutos de sombra a que nos recolhíamos, magnetizados por nossas próprias ilusões, e ouvimos-te, de novo, a palavra solar de vida eterna!...

Agradecemos-te esse livro, em que nos induzes à fraternidade e ao trabalho, à compreensão e à tolerância, arrebatando-nos à influência das trevas, pela certeza de tuas perenes consolações...

Obrigado, Senhor, não somente por nós, que devemos a essas páginas as mais belas aspirações, nas tarefas do Cristianismo Redivivo, mas também por aqueles que as transfiguraram em bússola salvadora, nos labirintos da obsessão e da delinquência; pelos que as abraçaram, quais âncoras de apoio, em caliginosas noites de tentação e desespero; por aqueles que as consultaram, nos dias de aflição e desalento, aceitando-lhes as diretrizes seguras nas veredas da provação regenerativa; pelos que as transformaram em bálsamo de conforto e paciência, nos momentos de angústia; pelos que ouviram, junto delas, o teu pedido de oração e de amor a bem dos inimigos, esquecendo as afrontas que lhes retalharam os corações; pelos que as apertaram, de encontro ao peito, para não tombarem asfixiados pelo pranto da saudade e da desolação, à frente da morte; e por todos aqueles outros que aprenderam com elas a viver e confiar, servir e desencarnar, bendizendo-te o nome!...

Oh! Jesus! No luminoso centenário de *O evangelho segundo o espiritismo,* em vão tentamos articular, diante de ti, a nossa gratidão jubilosa!... Permite, pois, agradeçamos em prece a tua abnegação tutelar e, enlevados ante o Livro Sublime, que te revive a presença entre nós, deixa que te possamos repetir, humildes e reverentes:

– Obrigado, Senhor!...

CAPÍTULO 1

CULTO ESPÍRITA

> *"Não penseis que eu tenha vindo destruir a lei ou os profetas: não os vim destruir, mas cumpri-los."* – JESUS. (*Mateus*, 5:17.)
>
> *"Assim como o Cristo disse: 'Não vim destruir a lei, porém cumpri-la', também o Espiritismo diz: 'Não venho destruir a lei cristã, mas dar-lhe execução'."* (Cap. 1, 7.)[3]

O CULTO ESPÍRITA, EXPRESSANDO VENERAÇÃO AOS princípios evangélicos que ele mesmo restaura, apela para o íntimo de cada um, a fim de patentear-se.

Ninguém precisa inquirir o modo de nobilitá-lo com mais grandeza, porque reverenciá-lo é conferir-lhe força e substância na própria vida.

*

Mãe, aceitarás os encargos e os sacrifícios do lar, amando e auxiliando a Humanidade, no esposo e nos filhos que a Sabedoria Divina te confiou.

---

[3] Nota do autor espiritual: A presente citação e todas as demais colocadas neste livro, em seguida aos textos evangélicos, foram extraídas de *O evangelho segundo o espiritismo*, de Allan Kardec.

Dirigente, honrarás os dirigidos.

Legislador, não farás da autoridade instrumento de opressão.

Administrador, respeitarás a posse e o dinheiro, empregando-lhes os recursos no bem de todos, com o devido discernimento.

Mestre, ensinarás construindo.

Pensador, não torcerás as convicções que te enobrecem.

Cientista, descortinarás caminhos novos, sem degradar a inteligência.

Médico, viverás na dignidade da profissão sem negociar com as dores dos semelhantes.

Magistrado, sustentarás a justiça.

Advogado, preservarás o direito.

Escritor, não molharás a pena no lodo da viciação, nem no veneno da injúria.

Poeta, converterás a inspiração em fonte de luz.

Orador, cultivarás a verdade.

Artista, exaltarás o gênio e a sensibilidade sem corrompê-los.

Chefe, serás humano e generoso, sem fugir à imparcialidade e à razão.

Operário, não furtarás o tempo, envilecendo a tarefa.

Lavrador, protegerás a terra.

Comerciante, não incentivarás a fome ou o desconforto, a pretexto de lucro.

Exator, aplicarás os regulamentos com equidade.

Médium, serás sincero e leal aos compromissos que abraças, evitando perverter os talentos do Plano Espiritual no profissionalismo religioso.

*

O culto espírita possui um templo vivo em cada consciência na esfera de todos aqueles que lhe esposam as instruções, de conformidade com o ensino de Jesus: "O reino de Deus está dentro de vós" e toda a sua teologia se resume na definição do Evangelho: "a cada um por suas obras".

À vista disso, prescindindo de convenção e pragmática, temos nele o caminho libertador da alma, educando-nos raciocínio e sentimento, para que possamos servir na construção do mundo melhor.

CAPÍTULO 2
NA PRESENÇA DO CRISTO

> *"Em verdade vos digo que o Céu e a Terra não passarão sem que tudo o que se acha na lei esteja perfeitamente cumprido, enquanto reste um único iota e um único ponto."* – JESUS. (*Mateus*, 5:18.)
>
> *"O Cristo foi o iniciador da mais pura, da mais sublime moral, da moral evangélico-cristã, que há de renovar o mundo, aproximar os homens e torná-los irmãos; que há de fazer brotar de todos os corações a caridade e o amor do próximo e estabelecer entre os humanos uma solidariedade comum; de uma perfeita moral, enfim, que há de transformar a Terra, tornando-a morada de Espíritos Superiores aos que hoje a habitam."* (Cap. 1, 9.)

A CIÊNCIA DOS HOMENS VEM LIQUIDANDO TODOS OS problemas, alusivos ao reconforto da Humanidade.

Observou a escravidão do homem pelo próprio homem e dignificou o trabalho, através de leis compassivas e justas.

Reconheceu o martírio social da mulher que as civilizações mantinham em multimilenário regime de cativeiro e conferiu-lhe acesso às universidades e profissões.

Inventariou os desastres morais do analfabetismo e criou a grande imprensa.

Viu que a criatura humana tombava prematuramente na morte, esmagada em atividade excessiva pela própria sustentação e deu-lhe a força motriz.

Examinou o insulamento dos cegos e administrou-lhes instrução adequada.

Catalogou os delinquentes por enfermos mentais e, tanto quanto possível, transformou as prisões em penitenciárias-escolas.

Comoveu-se, diante das moléstias contagiosas, e fabricou a vacina.

Emocionou-se, perante os feridos e doentes desesperados, e inventou a anestesia.

Anotou os prejuízos da solidão e construiu máquinas poderosas que interligassem os continentes.

Analisou o desentendimento sistemático que oprimia as nações e ofereceu-lhes o livro e o telégrafo, o rádio e a televisão que as aproxima na direção de um mundo só.

Entretanto, os vencidos da angústia aglomeram-se na Terra de hoje como enxameavam na Terra de ontem...

Articulam-se em todas as formas e despontam de todas as direções.

Perderam o emprego que lhes garantia a estabilidade familiar e desorientam-se, abatidos, à procura de pão.

Foram despejados do teto, hipotecado à solução de constringentes necessidades, e vagueiam sem rumo.

Encontram-se despojados de esperança, pela deserção dos afetos mais caros, e abeiram-se do suicídio.

Caíram em perigosos conflitos da consciência e aguardam leve sorriso que os reconforte.

Envelheceram sacrificados pelas exigências de filhos queridos, que lhes renegaram a convivência nos dias da provação, e amargam doloroso abandono.

Adoeceram gravemente e viram-se transferidos da equipe doméstica para os azares da mendicância.

Transviaram-se no pretérito e renasceram, trazendo no próprio corpo os sinais aflitivos das culpas que resgatam, pedindo cooperação.

Despediram-se dos que mais amavam no frio portal do túmulo e carregam os últimos sonhos da existência cadaverizados agora no esquife do próprio peito.

Abraçaram tarefas de bondade e ternura e são mulheres supliciadas de fadiga e de pranto, conduzindo os filhinhos que alimentam à custa das próprias lágrimas.

Gemem, discretos, e surgem na forma de crianças desprezadas, à maneira de flores que a ventania quebrou, desapiedada, no instante do amanhecer.

Para eles, os que tombaram no sofrimento moral, a ciência dos homens não dispõe de recursos. É por isso que Jesus, ao reuni-los em multidão, no tope do monte, desfraldou a bandeira da caridade e, proclamando as bem-aventuranças eternas, no-los entregou por filhos do coração...

*

Companheiro da Terra, quando estendes uma palavra consoladora ou um abraço fraterno, uma gota de bálsamo ou uma concha de sopa, aliviando os que choram, estás diante deles, na presença do Cristo, com quem aprendemos que o único remédio capaz de curar as angústias da vida nasce do amor, que se derrama, sublime, da ciência de Deus.

CAPÍTULO 3

NA CONSTRUÇÃO DO FUTURO

> *"Respondeu Jesus: O meu reino não é deste mundo."* – JESUS. (*João*, 18:36.)
>
> *"Todo cristão, pois, firmemente crê na vida futura; mas a ideia que muitos fazem dela é ainda vaga, incompleta e, por isso mesmo, falsa em diversos pontos. Para grande número de pessoas, não há, a tal respeito, mais do que uma crença, balda de certeza absoluta, donde as dúvidas e mesmo a incredulidade.*
>
> *O Espiritismo veio completar, nesse ponto, como em vários outros, o ensino do Cristo, fazendo-o quando os homens já se mostram maduros bastante para apreenderem a verdade".* (Cap. 2, 3.)

ESPERAVAS PELOS IRMÃOS DO CAMINHO A FIM DE te entregares à construção da Terra melhor e quedas-te, muita vez, em amargoso desalento porque tardem a vir.

Observa, porém, a estrada longa da evolução, para que o entendimento te pacifique.

Milhares deles são corações de pensamento verde que te rogam apoio e outros muitos seguem trilha adiante, inibidos por névoas interiores que desconhecem.

Repara os que se renderam às lágrimas excessivas.

Choraram tanto que turvaram os olhos não mais divisando os companheiros infinitamente mais desditosos a lhes suplicarem auxílio nas vascas da aflição.

Contempla os que passam vaidosos sem saberem utilizar, construtivamente, os favores da fortuna.

Habituaram-se tanto às enganosas vantagens da moeda abundante que perderam o senso íntimo.

Enumera os que se embriagam de poder transitório.

Abusaram tanto da autoridade que caíram na exaltação da paranoia sem darem conta disso.

Relaciona os que asseveram amar, transformando a afetividade no egoísmo envolvente.

Apaixonaram-se tanto por criaturas e cousas, cultivando exigências, que deliram positivamente sem perceber.

Anota os que avançam, hipnotizados pelas dignidades que receberam do mundo.

Fascinaram-se tanto pelas honras exteriores que olvidaram os semelhantes a quem lhes compete o dever de servir.

Nenhum deles atrasou por maldade. Foram vítimas da ilusão que, frequentemente, se agiganta qual imenso nevoeiro na periferia da vida, mas regressarão depois à verdade triunfante para atenderem às tarefas que realizas.

Para todos eles que ainda não conseguiram chegar à grande renovação é compreensível o adiamento do trabalho a fazer.

Entretanto, nada nos justificará desânimo ou deserção na Obra do Cristo, porque embora estejamos consideravelmente distantes da sublimação necessária, transportamos conosco o raciocínio lúcido e libertado no sustento da fé.

CAPÍTULO 4

PERANTE O MUNDO

> *"Não se turbe o vosso coração. Credes em Deus, crede também em mim." –* JESUS. *(João, 14:1.)*
>
> *"A casa do Pai é o Universo. As diferentes moradas são os mundos que circulam no Espaço infinito e oferecem, aos Espíritos que neles encarnam, moradas correspondentes ao adiantamento dos mesmos Espíritos."* (Cap. 3, 2.)

CLAMAS QUE NÃO ENCONTRASTE A FELICIDADE NO mundo, quando o mundo – bendita universidade do Espírito, dilapidada por inúmeras gerações – te inclui entre aqueles de quem espera cooperação para construir a própria felicidade.

Quando atingiste o diminuto porto do berço, com a fadiga da ave que tomba inerme, depois de haver planado longo tempo, sobre mares enormes, conquanto chorasses, argamassavas com teus vagidos, a alegria e a esperança dos pais que te acolhiam, entusiasmados e jubilosos, para seres em casa o esteio da segurança.

Alcançaste o verde refúgio da meninice e embora mostrasses a inconsciência afável da infância, foste para os mestres que te afagaram na escola a promessa viva de luz e realização que lhes emblemava o porvir.

Chegaste ao róseo distrito da juventude e, apesar da inexperiência em que se te esfloravam todos os sonhos, os dirigentes de serviço, na profissão que abraçaste, contavam contigo para dignificar o trabalho e clarear os caminhos.

Constituíste o lar próprio e, não obstante tateasses os domínios da responsabilidade, em meio de flores e aspirações, Espíritos afeiçoados e amigos te aguardavam generoso concurso para se corporificarem, na condição de teus filhos, através da reencarnação.

Penetraste os círculos da fé renovadora que te honra os anseios de perfeição espiritual e se bem que externasses imediata necessidade de esclarecimento e socorro, companheiros de ideal saudaram-te a presença, na certeza de teu apoio ao levantamento das iniciativas mais nobres.

Casa que habitas, campo que lavras, plano que arquitetas e obras que edificas solicitam-te paz e trabalho.

Amigos que te ouvem rogam-te bom ânimo.

Doentes que te buscam suspiram por melhoras.

Criaturas que te rodeiam pedem-te amparo e compreensão para que lhes acrescentes a coragem.

Cousas que te cercam requisitam-te proteção e entendimento para que se lhes aprimore o dom de servir.

Tudo é ansiosa expectativa, ao redor de teus passos.

Não maldigas a Terra que te abençoa.

Afirmas que esperas, em vão, pelo auxílio do mundo... Entretanto é o mundo que espera confiantemente por ti.

CAPÍTULO 5
NO REINO EM CONSTRUÇÃO

> *"Na casa de meu Pai há muitas moradas; se assim não fosse, já eu vo-lo teria dito, pois me vou para vos preparar o lugar."* JESUS. (*João, 14:2.*)
>
> *"Entretanto, nem todos os Espíritos que encarnam na Terra vão para aí em expiação."* (Cap. 3, 14.)

ESCUTASTE O PESSIMISMO QUE SE ESMERA EM PROcurar as deficiências da Humanidade, como quem se demora deliberadamente nas arestas agressivas do mármore de obra-prima inacabada e costumas dizer que a Terra está perdida.

Observa, porém, as multidões que se esforçam silenciosamente pela santificação do porvir.

*

Compulsaste as folhas da imprensa, lendo a história do autor de homicídio lamentável e, sob extrema revolta, trouxeste ao labirinto das opiniões contraditórias a tua própria versão do acontecimento, asseverando que estamos todos no teatro do crime.

Recorda, contudo, os milhões de pais e mães, tocados de abnegação e heroísmo, que abraçam todos os sacrifícios no lar para que a delinquência desapareça.

Conheces jovens que se transviaram na leviandade, desvairando-se em golpes de selvageria e loucura e, examinando acremente determinados sucessos que devem estar catalogados na patologia da mente, admites que a juventude moderna se encontra em adiantado processo de desagregação do caráter.

Relaciona, todavia, os milhões de rapazes e meninas, debruçados sobre livros e máquinas, através do labor e do estudo, em muitas circunstâncias imolando o próprio corpo à fadiga precoce, para integrarem dignamente a legião do progresso.

Sabes que há companheiros habituados aos prazeres noturnos e, ao vê-los comprando o próprio desgaste a preço de ouro, acreditas que toda a comunidade humana jaz entregue à demência e ao desperdício.

Reflete, entretanto, nos milhões de cérebros e braços que atravessam a noite, no recinto das fábricas e junto dos linotipos, em hospitais e escritórios, nas atividades da limpeza e da vigilância, de modo a que a produção e a cultura, a saúde e a tranquilidade do povo sejam asseguradas.

Marcaste o homem afortunado que enrijeceu mãos e bolsos, na sovinice, e esposas a convicção de que todas as pessoas abastadas são modelos completos de avareza e crueldade.

Considera, no entanto, os milhões de tarefeiros do serviço e da beneficência, que diariamente colocam o dinheiro em circulação, a fim de que os homens conheçam a honra de trabalhar e a alegria de viver.

*

Não condenes a Terra pelo desequilíbrio de alguns.

Medita em todos os que se encontram suando e sofrendo, lutando e amando, no levantamento do futuro melhor, e reconhecerás que o Divino Construtor do Reino de Deus no mundo está esperando também por ti.

CAPÍTULO 6

EVOLUÇÃO E APRIMORAMENTO

> *"Respondeu-lhe Jesus: Em verdade, em verdade, digo-te: Ninguém pode ver o reino de Deus se não nascer de novo."* – JESUS. (*João*, 3:3.)
>
> *"A reencarnação é a volta da alma ou Espírito à vida corpórea, mas em outro corpo especialmente formado para ele e que nada tem de comum com o antigo."* (Cap. 4, 4.)

DECIDIDAMENTE, EM NOME DA ETERNA SABEDORIA, o homem é o senhor da evolução na Terra.

Todos os elementos se lhe sujeitam à discrição.

Todos os reinos do planeta rendem-lhe vassalagem.

*

Montanhas ciclópicas sofrem-lhe a carga de explosivos, transfigurando-se em matéria-prima destinada à edificação de cidades prestigiosas.

Minérios por ele arrancados às entranhas do globo, suportam-lhe os fornos incandescentes, a fim de lhe garantirem utilidade e conforto.

Rios e fontes obedecem-lhe as determinações, transferindo-se de leito, com vistas à fertilização da gleba sedenta.

Florestas atendem-lhe a derrubada, favorecendo o progresso.

Animais, ainda mesmo aqueles de mais pujança e volume, obedecem-lhe as ordens, quedando-se integralmente domesticados.

A eletricidade e o magnetismo plasmam-lhe os desejos.

E o próprio átomo, síntese de força cósmica, descerra-lhe os segredos, aceitando-lhe as rédeas.

Mas não é só no domínio dos recursos materiais que o homem governa, soberano.

Ele pesquisa as reações populares e comanda a política; investiga os fenômenos da Natureza e levanta a Ciência; estuda as manifestações do pensamento e cria a instrução; especializa o trabalho e faz a indústria; relaciona as imposições do comércio e controla a economia.

*

Claramente, nós, os Espíritos em aperfeiçoamento, no aperfeiçoamento terrestre, conseguimos alterar ou manobrar as energias e os seres inferiores do orbe a que transitoriamente, nos ajustamos, e do qual nos é possível catalogar os impérios da luz infinita, estuantes no Universo.

À face disso, não obstante sustentados pelo Apoio Divino, nas lides educativas que nos são necessárias, o aprimoramento moral corre por nossa conta.

O professor ensina, mas o aluno deve realizar-se.

Os Espíritos Superiores nos amparam e esclarecem, no entanto, é disposição da Lei que cada consciência responda pelo próprio destino.

Meditemos nisso, valorizando as oportunidades em nossas mãos.

Por muito alta que seja a quota de trabalho corretivo que tragas dos compromissos assumidos em outras reencarnações, possuis determinadas sobras de tempo – do tempo que é patrimônio igual para todos – e, com o tempo de que dispões, basta usares sabiamente a vontade, que tanta vez manejamos para agravar nossas dores, a fim de te consagrares ao serviço do bem e ao estudo iluminativo, quando quiseres, como quiseres, onde quiseres e quanto quiseres, melhorando-te sempre.

CAPÍTULO 7
ANTE O LIVRE-ARBÍTRIO

> *"Não te admires de que eu te haja dito ser preciso que nasças de novo."* JESUS. *(João, 3:7.)*
>
> *"Não há, pois, duvidar de que sob o nome de ressurreição, o princípio da reencarnação era ponto de uma das crenças fundamentais dos judeus, ponto que Jesus e os profetas confirmaram de modo formal; donde se segue que negar a reencarnação é negar as palavras do Cristo."* (Cap. 4, 16.)

SURGEM, AQUI E ALI, AQUELES QUE NEGAM O LIVRE-arbítrio, alegando que a pessoa no mundo é tão independente, quanto o pássaro no alçapão.

E, justificando a assertiva, mencionam a junção compulsória do Espírito ao veículo carnal, os constrangimentos da parentela, as convenções sociais, as preocupações incessantes na preservação da energia corpórea, as imposições do trabalho e a obediência natural aos regulamentos constituídos para a garantia da ordem terrestre, esquecendo-se de que não há escola sem disciplina.

Certamente, todos os patrimônios da civilização foram erigidos pelas criaturas que usaram a própria liberdade na exaltação do bem, no entanto, para fixar as realidades do livre-arbítrio, examinemos o reverso do quadro.

Reflitamos, ainda que superficialmente, em nossos irmãos menos felizes, para recolher-lhes a dolorosa lição.

Pensemos no desencanto daqueles que amontoaram moedas, por longo tempo, acumulando o suor dos semelhantes, em louvor da própria avareza, e sentem a aproximação da morte, sem migalha de luz que lhes mitigue as aflições nas trevas...

Imaginemos o suplício dos que trocaram veneráveis encargos por fantasiosos enganos, a despertarem no crepúsculo da existência, qual se fossem arremessados, sem perceber, à secura asfixiante de escabroso deserto...

Ponderemos a tortura dos que abusaram da inteligência, reconhecendo, à margem da sepultura, os deprimentes resultados do desprezo com que espezinharam a dignidade humana...

Consideremos o martírio dos que desvirtuaram a fé religiosa, anulando-se no isolamento improdutivo, ao repararem, no término da estância terrestre, que apenas disputaram a esterilidade do coração.

Meditemos no remorso dos que se renderam à delinquência, hipnotizados pela falsa adoração a si mesmos, acordando abatidos e segregados no fundo das penitenciárias de sofrimento...

Ninguém pode negar que todos eles, imanizados ao cativeiro da angústia, eram livres... Conquanto os empeços do aprendizado na experiência física, eram livres para construir e educar, entender e servir.

Eis por que a Doutrina Espírita fulge, na atualidade, diante da mente humana, auxiliando-nos a descobrir os Estatutos Divinos, funcionando em nós próprios, no foro da consciência, a fim de aprendermos que a liberdade de fazer o que se quer está condicionada à liberdade de fazer o que se deve.

Estudemos os princípios da reencarnação, na Lei de Causa e Efeito, à luz da Justiça e da Misericórdia de Deus e perceberemos que, mesmo encarcerados agora em constringentes obrigações, estamos intimamente livres para aceitar com respeito e humildade as determinações da vida, edificando o espírito de trabalho e compreensão naqueles que nos observam e nos rodeiam, marchando, gradativamente, para a nossa emancipação integral, desde hoje.

CAPÍTULO 8
INSTITUTO DE TRATAMENTO

> *"O que é nascido da carne é carne, e o que é nascido do Espírito é espírito."* – JESUS. *(João, 3:6.)*
>
> *"Os laços de família não sofrem destruição alguma com a reencarnação, como o pensam certas pessoas. Ao contrário, tornam-se mais fortalecidos e apertados. O princípio oposto, sim, os destrói."* (Cap. 4, 18.)

ATINGINDO O PLANO ESPIRITUAL, DEPOIS DA MORTE, sentimentos indefiníveis nos senhoreiam o coração.

Nos recessos do espírito, rebentam mágoas e júbilos, poemas de ventura e gritos de aflição, cânticos de louvor pontilhados de fel e brados de esperança que se calam, de súbito, no gelo do sofrimento...

Rimos e choramos, livres e presos, triunfantes e derrotados, felizes e desditosos...

Bênçãos de alegria, que nos clareiam pequeninas vitórias alcançadas, desaparecem, de pronto, no fundo tenebroso das quedas que nos marcaram a vida.

Suspiramos pela ascensão sublime, sedentos de comunhão com as entidades heroicas que nos induzem aos galardões fulgentes dos cimos, todavia, trazemos o desencanto das aves cativas e mutiladas.

Ao invés de asas, carregamos grilhões, na penosa condição de almas doentes...

Na concha da saudade, ouvimos as melodias que irrompem das vanguardas de luz, entretecidas na glória dos bem-aventurados, no entanto, austeras admoestações nos chegam da Terra pelo sem fio da consciência...

Nas faixas do mundo somos requisitados pelas obrigações não cumpridas.

Erros e deserções clamam, dentro de nós, pedindo reparos justos...

Longe das esferas superiores que ainda não merecemos e distanciados das regiões positivamente inferiores em que nossas modestas aquisições evolutivas encontraram início, concede-nos, então, a Providência Divina, o refúgio do lar, entre as sombras da Terra e as rutilâncias do Céu, por instituto de tratamento, em que se nos efetive a necessária restauração.

É assim que reencarnados em nova armadura física, reencontramos perseguidores e adversários, credores e cúmplices do pretérito, na forma de parentes e companheiros para o resgate de velhas contas.

Nesse cadinho esfervilhante de responsabilidades e inquietações, afetos renovados nos chamam ao reconforto, enquanto que aversões redivivas nos pedem esquecimentos...

À vista disso, no mundo, por mais atormentado nos seja o ninho familiar, abracemos nele a escola bendita do reajuste, onde temporariamente exercemos o ofício da redenção. Conquanto crucificados em suplícios anônimos, atados a postes de sacrifício ou semiasfixiados no pranto desconhecido das grandes humilhações, saibamos sustentar-lhe a estrutura moral, entendendo e servindo, mesmo à custa de lágrimas, porque é no lar, esteja ele dependurado na crista de arranha-céus, ou na choça tosca de zinco, que as leis da vida nos oferecem as ferramentas de amor e da dor para a construção e reconstrução do próprio destino entregando-nos, de berço em berço, ao carinho de Deus que verte inefável, pelo colo das mães.

CAPÍTULO 9

O REMÉDIO JUSTO

> *"Bem-aventurados os que choram, porque serão consolados."* – JESUS. (*Mateus*, 5:4.)
>
> *"Por estas palavras: Bem-aventurados os aflitos, pois que serão consolados, Jesus aponta a compensação que hão de ter os que sofrem e a resignação que leva o padecente a bendizer do sofrimento, como prelúdio da cura."* (Cap. 5, 12.)

PERGUNTAS, MUITAS VEZES, PELA PRESENÇA DOS Espíritos guardiães, quando tudo indica que forças contrárias às tuas noções de segurança e conforto, comparecem, terríveis, nos caminhos terrestres.

Desastres, provações, enfermidades e flagelos inesperados arrancam-te indagações aflitivas.

Onde os amigos desencarnados que protegem as criaturas?

Como não puderam prevenir certos transes que te parecem desoladoras calamidades?

*

Se aspiras, no entanto, a conhecer a atitude moral dos Espíritos benfeitores, diante dos padecimentos desse matiz, consulta os corações que amam verdadeiramente na Terra.

Ausculta o sentimento das mães devotadas que bendizem com lágrimas as grades do manicômio para os filhos que se desvairaram no vício, de modo a que não se transfiram da loucura à criminalidade confessa.

Ouve os gemidos de amargura suprema dos pais amorosos que entregam os rebentos do próprio sangue no hospital, para que lhes seja amputado esse ou aquele membro do corpo, a fim de que a moléstia corruptora, a que fizeram jus pelos erros do passado, não lhes abrevie a existência.

Escuta as esposas abnegadas, quando compelidas a concordarem chorando com os suplícios do cárcere para os companheiros queridos, evitando-se-lhes a queda em fossas mais profundas de delinquência.

Perquire o pensamento dos filhos afetuosos, ao carregarem, esmagados de dor, os pais endividados em doenças infectocontagiosas, na direção das casas de isolamento, a fim de que não se convertam em perigo para a comunidade.

Todos eles trocam as frases de carinho e os dedos veludosos pelas palavras e pelas mãos de guardas e enfermeiros, algumas vezes desapiedados e frios, embora continuem mentalmente jungidos aos seres que mais amam, orando e trabalhando para que lhes retornem ao seio.

*

Quando vejas alguém submetido aos mais duros entraves, não suponhas que esse alguém permaneça no olvido, por parte dos benfeitores espirituais que lhe seguem a marcha.

O amor brilha e paira sobre todas as dificuldades, à maneira do Sol que paira e brilha sobre todas as nuvens.

Ao invés de revolta e desalento, oferece paz e esperança ao companheiro que chora, para que, à frente de todo mal, todo o bem prevaleça.

Isso porque onde existem almas sinceras, à procura do bem, o sofrimento é sempre o remédio justo da vida para que, junto delas, não suceda o pior.

CAPÍTULO 10
PERANTE O CORPO

> *"Vós sois o sal da terra; e se o sal for insípido, com que se há de salgar?"* – Jesus. (*Mateus*, 5:13.)

> *"Torturar e martirizar voluntariamente o vosso corpo é contrariar a Lei de Deus, que vos dá meios de o sustentar e fortalecer. Enfraquecê-lo sem necessidade é um verdadeiro suicídio. Usai, mas não abuseis, tal a lei."* (Cap. 5, 26.)

Frequentemente atribuis ao corpo as atitudes menos felizes que te induzem à queda moral e, por vezes, diligenciais enfraquecê-lo ou flagelá-lo, a pretexto de evitar tentações.

Isso, porém, seria o mesmo que espancar o automóvel porque um motorista demenciado se dispusesse a utilizá-lo num crime, culpando-se a máquina pelos desvarios do condutor.

*

Muitos relacionam as doenças que infelicitam o corpo – quase todas por desídia do próprio homem –, olvidando, contudo, que todos os patrimônios visíveis da Humanidade, na Terra, foram levantados através dele.

Sócrates legou-nos ensinamentos filosóficos de absoluta originalidade, mas não conseguiria articulá-los sem o auxílio da boca.

Miguel Ângelo plasmou obras-primas, imortalizando o próprio nome, entretanto, não lograria concretizá-las sem o uso dos braços.

Desde Colombo, arriscando-se ao grande oceano, para descortinar terras novas, aos astronautas dos tempos modernos, que se lançam arrojadamente no espaço cósmico, é com os implementos físicos que se dirigem os engenhos de condução.

Da prensa de Gutenberg às rotativas de hoje, ninguém compõe uma página sem que as mãos funcionem ativas.

Do alfinete ao transatlântico e do alfabeto à universidade, no planeta terrestre, tudo, efetivamente, é levado a efeito pelo espírito, mas por intermédio do corpo. E, sem dúvida, que pensamentos e planos sublimes, ainda agora, fulguram em torno dos homens, com respeito à grandeza das civilizações do porvir, contudo, essas ideias gloriosas estão para a realidade humana, assim como a sinfonia na pauta está para a música no instrumento. Do ponto de vista físico, é necessário que a inteligência lhes dê o curso necessário e a devida interpretação.

És um Espírito eterno, em serviço temporário no mundo. O corpo é teu refúgio e teu bastão, teu vaso e tua veste, tua pena e teu buril, tua harpa e tua enxada.

Abençoa, pois, o teu corpo e ampara-lhe as energias para que ele te abençoe e te ampare, no desempenho de tua própria missão.

CAPÍTULO 11

EM LOUVOR DA ALEGRIA

> *"Bem-aventurados, vós, que agora chorais, porque rireis." –* JESUS. (*Lucas*, 6:21.)
>
> *"Lembrai-vos de que, durante o vosso degredo na Terra, tendes que desempenhar uma missão de que não suspeitais, quer dedicando-vos à vossa família, quer cumprindo as diversas obrigações que Deus vos confiou."* (Cap. 5, 25.)

NOS DIAS EM QUE A EXPERIÊNCIA TERRESTRE SE faça amargosa e difícil, não convertas a depressão em veneno.

Quando a aflição te ronda o caminho, anuncias trazer o espírito carregado de sombra, como quem se encontra ausente do lar, ansiando o regresso, entretanto, isso não é motivo para que te precipites no desânimo arrasador.

*

Acusas-te em trevas e podes mentalizar com a própria cabeça luminosos pensamentos de otimismo e fraternidade ou retratar nas pupilas o fulgor do Sol e a beleza das flores.

Entregas-te à mudez, proclamando não suportar os conflitos que te rodeiam e nada te impede abrir a boca, a fim de pronunciar a frase de reconforto e apaziguamento.

Asseveras que o mundo é imenso vale de lágrimas, cruzando os braços para chorar os infortúnios da Terra e possuis duas mãos por antenas de amor capazes de improvisar canções de felicidade e esperança, no trabalho pessoal em favor dos que sofrem.

Trancas-te em aposento solitário para a cultura da irritação, alegando que os melhores amigos te não entendem e perdes horas inteiras de pranto inútil e senhoreias dois pés, à maneira de alavancas preciosas, prontas a te transportarem na direção dos que atravessam provações muito mais dolorosas que as tuas, junto dos quais um minuto de tua conversação ou leve migalha do que te sobra te granjeariam a compreensão e a simpatia de enorme família espiritual.

*

Em verdade, existe a melancolia edificante, expressando saudade da Vida Superior, contudo todos aqueles que a registram no âmago do próprio ser, consagram-se com redobrado fervor ao serviço do bem, preparando no próprio coração a nesga de céu, suscetível de identificá-los ao plano celestial que esperam, ansiosos, suspirando pelo reencontro com os entes que mais amam. Ainda assim, é imperioso arredar de nós o hábito da tristeza destrutiva, como quem guerreia o culto do entorpecente.

Espíritos vinculados às diretrizes do Cristo, não podemos olvidar que o Evangelho, considerado em todos os tempos, como sendo um livro de dor, por descrever obstáculos e perseguições, dificuldades e martírios sem conta, começa exalçando a grandeza de Deus e a boa vontade entre os homens, através de cânticos jubilosos e termina com a sublime visão da Humanidade futura, na Jerusalém libertada, assentando-se, gloriosa, na alegria sem-fim.

CAPÍTULO 12

NÓS E O MUNDO

> *"Dai e ser-vos-á dado."* – JESUS. (*Lucas*, 6:38.)
>
> *"Vós, porém, que vos retirais do mundo, para lhe evitar as seduções e viver no insulamento, que utilidade tendes na Terra? Onde a vossa coragem nas provações, uma vez que fugis à luta e desertais o combate?"* (Cap. 5, 26.)

MUITOS RELIGIOSOS AFIRMAM QUE O MUNDO É poço de tentações e culpas, procurando o deserto para acobertar a pureza, entretanto, mesmo aí, no silencioso retiro em que se entregam a perigoso ócio da alma, por mais humildes se façam, comem os frutos e vestem a estamenha que o mundo lhes oferece.

Muitos escritores alegam que o mundo é vasto arsenal de incompreensão e discórdia, viciação e delinquência, como quem se vê diante de um serpentário, contudo, é no mundo que recolhem o precioso material em que gravam as próprias ideias e encontram os leitores que lhes compram os livros.

Muitos pregadores clamam que o mundo é vale de malícia e perversidade, qual se as criaturas humanas vivessem mergulhadas em piscina de lodo, todavia, é no mundo que adquirem os conhecimentos com que ornam o próprio verbo e acham os ouvintes que lhes registram respeitosamente a palavra.

Muitas pessoas dizem que o mundo é antro de perdição em que as trevas do mal senhoreiam a vida, no entanto, é no mundo que receberam o regaço materno para tomarem o arado da experiência e é no mundo que se nutrem confortavelmente a fim de demandarem mais altos planos evolutivos.

O mundo, porém, obra-prima da Criação, indiferente às acusações gratuitas que lhe são desfechadas, prossegue florindo e renovando, guiando o progresso e sustentando as esperanças da Humanidade.

*

Fugir de trabalhar e sofrer no mundo, a título de resguardar a virtude, é abraçar o egoísmo mascarado de santidade.

O aluno diplomado em curso superior não pode criticar a bisonhice das mentes infantis, reunidas nas linhas primárias da escola.

Os bons são realmente bons se amparam os menos bons.

Os sábios fazem jus à verdadeira sabedoria se buscam dissipar a névoa da ignorância.

O espírita, na essência, é o cristão chamado a entender e auxiliar.

Doemos, pois, ao mundo ainda que seja o mínimo do máximo que recebemos dele, compreendendo e servindo aos outros, sem atribuir ao mundo os erros e desajustes que estão em nós.

CAPÍTULO 13

NA HORA DA TRISTEZA

> *"Vós sois a luz do mundo [...]."* – JESUS.
> (*Mateus*, 5:14.)
>
> *"Não digais, pois, quando virdes atingido um de vossos irmãos: 'É a justiça de Deus, importa que siga o seu curso'. Dizei antes: 'Vejamos que meios o Pai misericordioso me pôs ao alcance para suavizar o sofrimento do meu irmão'."*
> (Cap. 5, 27.)

ENTRASTE NA HORA DO DESALENTO, COMO SE TE avizinhasses de um pesadelo.

Indefinível suplício moral te impele ao abatimento, mágoas antigas surgem à tona.

Sentes-te à feição do viajor, para cuja sede se esgotaram as derradeiras fontes do caminho.

Experimentas o coração no peito, qual pássaro fatigado, ao sacudir, em vão, as grades do cárcere.

Ainda assim, não permitas que a ansiedade te lance à tristeza inútil.

*

Se a incompreensão alheia te azedou o pensamento, recorda os companheiros enfermos ou mutilados, quando não conhecem a própria situação, qual seria de desejar e prossegue servindo, a esperar pelo tempo que lhes dará reajuste.

Se amigos te abandonaram em árduas tarefas, à caça de considerações que lhes incensem a personalidade, medita nas crianças afoitas, empenhadas a jogos e distrações, nos momentos do estudo, e prossegue servindo, a esperar pelo tempo, que a todos renovará na escola da experiência.

Se deixaste entes queridos ante a cinza do túmulo, convence-te de que todos eles continuam redivivos, no Plano Espiritual, dependendo, quase sempre, de tua conformação para que se refaçam e prossegue servindo, a esperar pelo tempo, que te propiciará, mais além, o intraduzível consolo do reencontro.

Se o fardo das próprias aflições te parece excessivamente pesado, reflete nos irmãos desfalecentes da retaguarda, para quem uma simples frase reconfortante de tua boca é comparável a facho estelar, nas trevas em que jornadeiam, e prossegue servindo, a esperar pelo tempo, que, no instante oportuno, a cada problema descortinará solução.

*

Lembra-te de que podes ser, ainda hoje, o raciocínio para os que se dementaram na invigilância, o apoio dos que tropeçam na sombra, o socorro aos peregrinos da estrada que a penúria recolhe nas pedreiras do sofrimento, o amparo dos que choram em desespero e a voz que se levante para a defesa de injustiçados e desvalidos.

Não te detenhas para relacionar dissabores...

Segue adiante, e se lágrimas te encharcam a ponto de sentires a noite dentro dos olhos, entrega as próprias mãos nas mãos de Jesus e prossegue servindo, na certeza de que a vida faz ressurgir o pão da terra lavrada e de que o Sol de Deus, amanhã, nos trará novo dia.

CAPÍTULO 14

CRISTÃOS SEM CRISTO

> *"Vinde a mim, todos vós que estais aflitos e sobrecarregados que eu vos aliviarei." –* JESUS. *(Mateus, 11:28.)*
>
> *"Assim, o Espiritismo realiza o que Jesus disse do Consolador Prometido: conhecimento das coisas, fazendo que o homem saiba donde vem, para onde vai e por que está na Terra; atrai para os verdadeiros princípios da Lei de Deus, consola pela fé e pela esperança."* (Cap. 6, 4.)

REVERENCIA O DIVINO MESTRE, COM TODAS AS forças da alma, entretanto, não menosprezes honrá-lo na pessoa dos semelhantes.

Guarda-lhe as memórias entre flores de carinho, mas estende os braços aos que clamam por ele, entre os espinhos da aflição.

Esculpe-lhe as reminiscências nas obras-primas da estatuária, sem qualquer intuito de idolatria, satisfazendo aos ideais de perfeição que a beleza te arranca aos sonhos de arte, no entanto, socorre, pensando nele, aos que passam diante de ti, retalhados pelo cinzel oculto do sofrimento.

Imagina-lhe o semblante aureolado de amor, ao fixá-lo nas telas em que se te corporifiquem os anseios de luz, mas suaviza o infortúnio dos que esperam por ele, nos quadros vivos da angústia humana.

Proclama-lhe a glória imperecedoura no verbo eloquente, mas deixa que a sinceridade e a brandura te brilhem na boca, asserenando, em seu nome, os corações atormentados que duvidam e se perturbam entre as sombras da Terra.

Grava-lhe os ensinamentos inesquecíveis, movimentando a pena que te configura as luminosas inspirações, no entanto, assinala as diretrizes dele com a energia renovadora dos teus próprios exemplos.

Dedica-lhe os cânticos de fidelidade e louvor que te nascem da gratidão, mas ouve os apelos dos que jazem detidos nas trevas, suplicando-lhe liberdade e esperança.

Busca-lhe a presença, no culto da prece, rogando-lhe apoio e consolação, no entanto, oferece-lhe mãos operosas no auxílio aos que varam o escuro labirinto da agonia moral, para os quais essa ou aquela ninharia de tuas facilidades constitui novo estímulo à paciência.

*

Através de numerosas reencarnações, temos sido cristãos sem Cristo.

Conquistadores, não nos pejávamos de implorar-lhe patrocínio aos excessos do furto.

Latifundiários cruéis, não nos envergonhávamos de solicitar-lhe maior número de escravos que nos atendessem ao despotismo, em clamorosos sistemas de servidão.

Piratas, dobrávamos insensatamente os joelhos para agradecer-lhe a presa fácil.

Guerreiros, impetrávamos dele, em absoluta insanidade, nos inspirasse o melhor modo de oprimir.

Agora que a Doutrina Espírita no-lo revela por mentor claro e direto da alma, ensinando-nos a responsabilidade de viver, é imperioso saibamos dignificá-lo na própria consciência, acima de quaisquer demonstrações exteriores, procurando refleti-lo em nós mesmos. Entretanto, para que isso aconteça, é preciso, antes de tudo, matricular o raciocínio na escola da caridade, que será sempre a mestra sublime do coração.

CAPÍTULO 15

ESPÍRITAS, INSTRUÍ-VOS!

> *"Mas aquele Consolador, o Santo Espírito, que o Pai enviará em meu nome, esse vos ensinará todas as coisas, e vos fará lembrar de tudo quanto vos tenho dito."* – JESUS. (João, 14:26.)
>
> *"Espíritas, amai-vos! este o primeiro ensinamento; instruí-vos, este o segundo."* (Cap. 6, 5.)

PREVENIR E RECUPERAR SÃO ATITUDES QUE SE AMpliam entre os homens, à medida que se acentua o progresso da Humanidade.

Aparecem noções de civilização e responsabilidade e levantam-se ideias de burilamento e defesa.

Quanto pudermos, porém, não nos restrinjamos ao amparo de superfície.

Imperioso tratar as águas da fonte, no entanto, cansar-nos-emos debalde, se não lhe resguardarmos a limpeza no nascedouro.

Educação e reeducação constituem a síntese de toda obra consagrada ao aprimoramento do mundo.

*

Gastam-se verbas fabulosas em apetrechos bélicos e raro surge alguém com bastante abnegação para despender algum dinheiro na assistência gratuita aos semelhantes, para que se lhes pacifique o raciocínio conflagrado.

Espantamo-nos, diante do desajustamento juvenil, a desbordar-se em tragédias de todos os tipos, e pouco realizamos, a fim de que a criança encontre no lar o necessário desenvolvimento com segurança de espírito.

Monumentalizamos instituições destinadas à cura dos desequilíbrios mentais e quase nada fazemos por afastar de nós mesmos os vícios do pensamento, com que nos candidatamos ao controle da obsessão.

Clamamos contra os desregramentos de muitos, afirmando que a Terra está em vias de desintegração pela ausência de valores morais e, na maioria das circunstâncias, somos dos primeiros a exigir lugar na carruagem do excesso, reclamando direitos e privilégios, com absoluto esquecimento de comezinhos deveres que a vida nos preceitua.

*

Combatamos, sim, o câncer e a poliomielite, a ulceração e a verminose, mas busquemos igualmente extinguir o aborto e a toxicomania, a preguiça e a intemperança que, muitas vezes, preparam a delinquência e a enfermidade por crises agudas de ignorância.

Para isso e para que nos disponhamos à conquista da vida vitoriosa é que o Espírito de Verdade, nos primórdios da Codificação Kardequiana, nos advertiu claramente:

– "Espíritas, instruí-vos!"

CAPÍTULO 16

NINGUÉM É INÚTIL

> "[...] e aquele que a si mesmo se humilhar será exaltado." – JESUS. (*Lucas*, 14:11.)

> "Será o maior no Reino dos Céus aquele que se humilhar e se fizer pequeno como uma criança, isto é, que nenhuma pretensão alimentar à superioridade ou à infalibilidade." (Cap. 7, 6.)

NÃO AGUARDES APARENTE GRANDEZA PARA SER ÚTIL.

Missão quer dizer incumbência.

E ninguém existe aos ventos do acaso.

Buscando entender os mandatos de trabalho que nos competem, estudemos, de leve, algumas lições de coisas da Natureza.

*

A usina poderosa ilumina qualquer lugar, à longa distância, contudo, para isso, não age por si só.

Usa transformadores de um circuito a outro, alterando, em geral, a tensão e a intensidade da corrente.

Os transformadores requisitam fios de condução.

Os fios recorrem à tomada de força.

Isso, porém, ainda não resolve.

Para que a luz se faça, é indispensável a presença da lâmpada, que se forma de componentes diversos.

*

O rio, de muito longe, fornece água limpa à atividade caseira, mas não se projeta, desordenado, a serviço das criaturas.

Cede os próprios recursos à rede de encanamento.

A rede pede tubos de formação variada.

Os tubos exigem a torneira de controle.

Isso, porém, ainda não é tudo.

Para que o líquido se mostre purificado, requere-se o concurso do filtro.

*

O avião transporta o homem, de um lado a outro da Terra, mas não é um gigante autossuficiente.

A fim de elevar-se, precisa combustível.

O combustível solicita motores que o aproveitem.

Os motores reclamam os elementos de que se constituem.

Isso, porém, ainda não chega.

Para que a máquina voadora satisfaça aos próprios fins, é imprescindível se lhe construa adequado campo de pouso.

*

No dicionário das Leis Divinas, as nossas tarefas têm o sinônimo de dever.

Atendamos à obrigação para que fomos chamados no clima do bem.

Não te digas inútil, nem te asseveres incompetente.

Para cumprir a missão que nos cabe, não são necessários um cargo diretivo, uma tribuna brilhante, um nome preclaro ou uma fortuna de milhões. Basta estimemos a disciplina no lugar que nos é próprio, com o prazer de servir.

CAPÍTULO 17

SUPERCULTURA

> *"Graças te rendo, ó Pai, Senhor dos Céus e da Terra, que por haveres ocultado estas coisas aos doutos e aos prudentes e por as teres revelado aos simples e pequeninos!"* – Jesus. (*Mateus*, 11:25.)

> *"Homens, por que vos queixais das calamidades que vós mesmos amontoastes sobre as vossas cabeças? Desprezastes a santa e divina moral do Cristo; não vos espanteis, pois, de que a taça da iniquidade haja transbordado de todos os lados."* (Cap. 7, 12.)

Alfabetizar e instruir sempre.

Sem escola, a Humanidade se embaraçaria na selva, no entanto, é imperioso lembrar que as maiores calamidades da guerra procedem dos louros da inteligência sem educação espiritual.

A intelectualidade requintada entretece lauréis à civilização, mas, por si só, não conseguiu, até hoje, frenar o poder das trevas.

*

A supercultura monumentalizou cidades imponentes e estabeleceu os engenhos que as arrasam.

Levantou embarcações que se alteiam como sendo palácios flutuantes e criou o torpedo que as põe a pique.

Estruturou asas metálicas poderosas que, em tempo breve, transportam o homem, através de todos os continentes e aprumou o bombardeiro que lhe destrói a casa.

Articulou máquinas que patrocinam o bem-estar no reduto doméstico e não impede a obsessão que, comumente, decorre do ócio demasiado.

Organizou hospitais eficientes e, de quando a quando, lhes superlota as mínimas dependências com os mutilados e feridos, enfileirados por ela própria, nas lutas de extermínio.

Alçou a cirurgia às inesperadas culminâncias e aprimorou as técnicas do aborto.

E, ainda agora, realiza incursões a pleno espaço, nos albores da astronáutica, e examina do alto os processos mais seguros de efetuar aniquilamentos em massa pelo foguete balístico.

*

Iluminemos o raciocínio sem descurar o sentimento.

Burilemos o sentimento sem desprezar o raciocínio.

O Espiritismo, restaurando o Cristianismo, é universidade da alma. Nesse sentido, vale recordar que Jesus, o Mestre por excelência, nos ensinou, acima de tudo, a viver construindo para o bem e para a verdade, como a dizer-nos que a chama da cabeça não derrama a luz da felicidade sem o óleo do coração.

CAPÍTULO 18

PEQUENINOS

> *"Em verdade vos digo que aquele que não receber o reino de Deus como uma criança nele não entrará."* – JESUS. (*Marcos*, 10:15.)
>
> *"A pureza do coração é inseparável da simplicidade e da humildade. Exclui toda ideia de egoísmo e de orgulho. Por isso é que Jesus toma a infância como emblema dessa pureza, do mesmo modo que a tomou como o da humildade."* (Cap. 8, 3.).

NO MUNDO, RESGUARDAMOS ZELOSAMENTE LIVROS e pergaminhos, empilhando compêndios e documentações, em largas bibliotecas, que são cofres fortes do pensamento.

Preservamos tesouros artísticos de outras eras, em museus que se fazem riquezas de avaliação inapreciável.

Perfeitamente compreensível que assim seja.

A educação não prescinde da consulta ao passado.

*

Acautelamos a existência de rebanhos e plantações contra flagelos supervenientes, despendendo milhões para sustar ou diminuir a força destrutiva das inundações e das secas.

Mobilizamos verbas astronômicas, no erguimento de recursos patrimoniais, devidos ao conforto da coletividade, tanto no sustento e defesa das instituições, quanto no equilíbrio e aprimoramento das relações humanas.

Claramente normal que isso aconteça.

Indispensável prover às exigências do presente com todos os elementos necessários à respeitabilidade da vida.

*

Urge, entretanto, assegurar o porvir, a esboçar-se impreciso, no mundo ingênuo da infância.

Abandonar pequeninos ao léu, na civilização magnificente da atualidade, é o mesmo que levantar soberbo palácio, farto de viandas, abarrotado de excessos e faiscante de luzes, relegando o futuro dono ao relaxamento e ao desespero, fora das portas.

A criança de agora erigir-se-nos-á fatalmente em biografia e retrato depois. Além de tudo, é preciso observar que, segundo os princípios da reencarnação, os meninos de hoje desempenharão, amanhã, junto de nós, a função de pais e conselheiros, orientadores e chefes.

Não nos cansemos, pois, de repetir que todos os bens e todos os males que depositarmos no espírito da criança ser-nos-ão devolvidos.

CAPÍTULO 19

COMPANHEIROS MUDOS

> *"Deixai vir a mim os pequeninos [...]"* – JESUS. (*Marcos*, 10:14.)
>
> *"O Espírito, pois, enverga temporariamente a túnica da inocência e, assim, Jesus está com a verdade, quando, sem embargo da anterioridade da alma, toma a criança por símbolo da pureza e da simplicidade."* (Cap. 8, 4.)

COM EXCELENTES RAZÕES, MOBILIZAS OS TALENTOS da palavra, a cada instante, permutando impressões com os outros.

Selecionas os melhores conceitos para os ouvidos de assembleias atentas.

Aconselhas o bem, plasmando terminologia adequada para a exaltação da virtude.

Estudas filologia e gramática, no culto à linguagem nobre.

Encontras a frase exata, no momento certo, em que externas determinado ponto de vista.

Sabes manejar o apontamento edificante, em família.

Lecionas disciplinas diversas.

Debates problemas sociais.

Analisas os sucessos diários.

Questionas serviços públicos.

Indiscutivelmente, o verbo é luz da vida, de que o próprio Jesus se valeu para legar-nos o Evangelho Renovador.

Entretanto, nesta nota simples, vimos rogar-te apoio e consolação para aqueles companheiros a quem a nossa destreza vocabular não consegue servir em sentido direto.

Compareçam, às centenas, aqui e ali...

Jazem famintos e não comentam a carência de pão.

Amargam dolorosa nudez e não reclamam contra o frio.

Experimentam agoniadas depressões morais, sem pedirem qualquer reconforto à ideia religiosa.

Sofrem prolongados suplícios orgânicos, incapazes de recorrer voluntariamente ao amparo da Medicina.

Pensa neles e, de coração enternecido, quanto puderes, oferece-lhes algo de teu amor, através da peça de roupa ou da xícara de leite, da poção medicamentosa ou do minuto de atenção e carinho, porque esses companheiros mudos e expectantes que nos rodeiam são as criancinhas necessitadas e padecentes que não podem falar.

CAPÍTULO 20

NO DOMÍNIO DAS PROVAS

> *"Ai do mundo por causa dos escândalos, porque é necessário que venham escândalos, mas ai daquele por quem o escândalo vier!"* – JESUS. (*Mateus*, 18:7.)
>
> *"É preciso que haja escândalo no mundo, disse Jesus, porque, imperfeitos como são na Terra, os homens se mostram propensos a praticar o mal, e porque, árvores más, só maus frutos dão. Deve-se, pois, entender por essas palavras que o mal é uma consequência da imperfeição dos homens e não que haja, para estes, a obrigação de praticá-lo."* (Cap. 8, 13.)

IMAGINEMOS UM PAI QUE, A PRETEXTO DE AMOR, decidisse furtar um filho querido de toda relação com os revezes do mundo.

Semelhante rebento de tal devoção afetiva seria mantido em sistema de exceção.

Para evitar acidentes climáticos inevitáveis, descansaria exclusivamente na estufa, durante a fase de berço e, posto a cavaleiro de perigos e vicissitudes, mal terminada a infância, encerrar-se-ia numa cidadela inexpugnável, onde somente prevalecesse a ternura paterna, a empolgá-lo de mimos.

Não frequentaria qualquer educandário, a fim de não aturar professores austeros ou sofrer a influência de colegas que não lhe respirassem o mesmo nível; alfabetizado, assim, no reduto doméstico, apreciaria unicamente os assuntos e heróis de ficção que o genitor lhe escolhesse.

Isolar-se-ia de todo o contato humano para não arrostar problemas e desconheceria todo o noticiário ambiente para não recolher informações que lhe desfigurassem a suavidade interior.

Candura inviolável e ignorância completa.

Santa inocência e inaptidão absoluta.

Chega, porém, o dia em que o genitor, naturalmente vinculado a interesses outros, se ausenta compulsoriamente do lar e, tangido pela necessidade, o moço é obrigado a entrar na corrente da vida comum.

Homem feito, sofre o conflito da readaptação, que lhe rasga a carne e a alma, para que se lhe recupere o tempo perdido e o filho acaba enxergando insânia e crueldade onde o pai supunha cultivar preservação e carinho.

A imagem ilustra claramente a necessidade da encarnação e da reencarnação do Espírito nos mundos inumeráveis da imensidade cósmica, de maneira a que se lhe apurem as qualidades e se lhe institua a responsabilidade na consciência.

Dificuldades e lutas semelham materiais didáticos na escola ou andaimes na construção; amealhada a cultura ou levantado o edifício, desaparecem uns e outros.

Abençoemos, pois, as disciplinas e as provas com que a Infinita Sabedoria nos acrisolam as forças, enrijando-nos o caráter.

Ingenuidade é predicado encantador na personalidade, mas se o trabalho não a transfigura em tesouro de experiência, laboriosamente adquirido, não passará de flor preciosa a confundir-se no pó da terra, ao primeiro golpe de vento.

CAPÍTULO 21

PACIFICAÇÃO

> *"Bem-aventurados os pacificadores, porque serão chamados filhos de Deus." –* Jesus. (*Mateus*, 5:9.)
>
> *"Que queria Jesus dizer por estas palavras: 'Bem-aventurados os que são brandos, porque possuirão a Terra', tendo recomendado aos homens que renunciassem aos bens deste mundo e havendo-lhes prometido os do céu?*
>
> *Enquanto aguarda os bens do céu, tem o homem necessidade dos da Terra para viver. Apenas, o que Ele lhe recomenda é que não ligue a estes últimos mais importância do que aos primeiros."* (Cap. 9, 5.)

Escutaste interrogações condenatórias, em torno do amigo ausente.

Informaste algo, com discrição e bondade, salientando a parte boa que o distingue, e, sem colocar o assunto no prato da intriga, edificaste em silêncio, a harmonia possível.

*

Surpreendeste pequeninos deveres a cumprir, na esfera de obrigações que te não competem.

Sem qualquer impulso de reprimenda, atendeste a semelhantes tarefas, por ti mesmo, na certeza de que todos temos distrações lamentáveis.

*

Anotaste a falta do companheiro.

Esqueceste toda preocupação de censura, diligenciando substituí-lo em serviço, sem alardear superioridade.

*

Assinalaste o erro do vizinho.

Foges de divulgar-lhe a infelicidade e dispões-te a auxiliá-lo no momento preciso, sem exibição de virtude.

*

Recebeste queixas amargas a te ferirem injustamente.

Sabes ouvi-las com paciência, abstendo-te de impelir os irmãos do caminho às teias da sombra, trabalhando sinceramente por desfazê-las.

*

Caluniaram-te abertamente, incendiando-te a vida.

Toleras serenamente todos os golpes, sem animosidade ou revide e, respondendo com mais ampla abnegação, no exercício das boas obras, dissipas a conceituação infeliz dos teus detratores.

*

Descobriste a existência de companheiros iludidos ou obsidiados que se fazem motivos de perturbação ou de escândalo, no plantio do bem ou na seara da luz.

Decerto, não lhes aplaudes a inconsciência, mas não lhes agravas o desequilíbrio, através do sarcasmo, e oras por eles, amparando-lhes o reajuste, pelo pensamento renovador.

*

Se assim procedes, classificas-te, em verdade, entre os pacificadores abençoados pelo Divino Mestre, compreendendo, afinal, que a criatura humana, isoladamente, não consegue garantir a paz do mundo, no entanto, cada um de nós pode e deve manter a paz dentro de si.

CAPÍTULO 22

AMENIDADE

> *"Bem-aventurados os mansos, porque eles herdarão a Terra."* – JESUS. (*Mateus*, 5:5.)
>
> *"A benevolência para com os seus semelhantes, fruto do amor ao próximo, produz a afabilidade e a doçura, que lhe são as formas de manifestar-se."* (Cap. 9, 6.)

SURGEM, SIM, AS OCASIÕES EM QUE TODAS AS FORças da alma se fazem tensas, semelhando cargas de explosivos, prestes a serem detonadas pelo gatilho da boca... Momentos de reação, diante do mal, em que a fagulha da mágoa assoma do íntimo, aviventada pelo sopro do desespero...

Entretanto, mesmo que a indignação se te afigure justificada, reflete para falar.

A palavra não foi criada para converter-se em raio da morte.

*

Imagina-te no lugar do interlocutor.

Se houve deficiência no concurso de outrem, recorda os acontecimentos em que o erro impensado te marcou a presença; se algum companheiro falhou, involuntariamente, na obrigação, pensa nas horas difíceis, em que não pudeste guardar fidelidade ao dever.

Em qualquer obstáculo, pondera que a cólera é bomba de rastilho curto, comprometendo a estabilidade e a elevação da vida onde estoura.

*

Indiscutivelmente, o verbo foi estabelecido para que nos utilizemos dele. O silêncio é o guardião da serenidade, todavia, nem sempre consegue tomar-lhe as funções. Isso, porém, não nos induz a transfigurar a cabeça num vulcão em movimento, arremessando lavas de azedume e inquietação.

Conquanto se nos imponha dias de franqueza e esclarecimento, é possível equacionar, harmoniosamente, os mais intrincados problemas sem adicionar o fogo da violência às parcelas da lógica.

*

Dominemo-nos para que possamos controlar circunstâncias, chefiemos as nossas emoções, alinhando-as na estrada do equilíbrio e do discernimento, de modo a que nossa frase não resvale na intemperança.

Guardar o silêncio, quando preciso, mas falar sempre que necessário, a desfazer enganos e a limpar raciocínios, entendendo, porém, que Jesus não nos confiou a verdade para transformá-la numa pedra sobre o crânio alheio e sim num clarão que oriente aos outros e alumie a nós.

CAPÍTULO 23

NOS DOMÍNIOS DA PACIÊNCIA

> *"Assim resplandeça a vossa luz diante dos homens, para que vejam as vossas boas obras e glorifiquem o vosso Pai que está nos céus."* – JESUS. (*Mateus*, 5:16.)
>
> *"Sede pacientes. A paciência também é uma caridade e deveis praticar a lei de caridade ensinada pelo Cristo, enviado de Deus."* (Cap. 9, 7.)

EM MUITOS EPISÓDIOS CONSTRANGEDORES, admitimos que paciência é cruzar os braços e gemer passivamente em preguiçosa lamentação. Noutros lances da luta com que somos defrontados por manifestações de má-fé, a raiarem por dilapidações morais inomináveis, supomos que paciência é tudo deixar como está para ver como fica.

Isso, porém, constará das lições da vida ou da Natureza?

Células orgânicas, quando ocorrem acidentes ao veículo físico, estabelecem processos de defesa, trabalhando mecanicamente na preservação da saúde corpórea, enquanto isso lhes é possível.

Vegetais humildes devastados no tronco não renunciam à capacidade de resistência e, enquanto dispõem das possibilidades necessárias, regeneram os próprios tecidos, preenchendo as finalidades a que se destinam.

Paciência não é conformismo; é reconhecimento da dificuldade existente, com a disposição de afastá-la sem atitude extremista. Nem deserção da esfera de luta e nem choro improfícuo na hora do sofrimento.

Sejam como sejam os entraves e as provações, a paciência descobre o sistema de removê-los.

Em assim nos externando, não nos referimos à complacência culposa que deita um sorriso blandicioso para a leviandade, fingindo ignorá-la. Reportamo-nos à compreensão que identifica a situação infeliz e articula meios de solucionar-lhe os problemas sem alardear superioridade.

Paciência, no fundo, é resignação quando as injúrias sejam desferidas contra nós em particular, mas sempre que os ataques sejam dirigidos contra os interesses do bem de todos, paciência é perseverança tranquila no esclarecimento geral, conquanto semelhante atitude, às vezes, nos custe sacrifícios imensos.

Jesus foi a paciência sem lindes, no entanto, embora suportasse, sereno, todos os golpes que lhe foram endereçados, pessoalmente preferiu aceitar a morte na cruz a ter de aplaudir o erro ou acumpliciar-se com o mal.

CAPÍTULO 24
VERBO NOSSO

> *"Eu, porém, vos digo que qualquer que, sem motivo, se encolerizar contra seu irmão será réu de juízo..."* – JESUS. (*Mateus*, 5:22.)
>
> *"O corpo não dá cólera àquele que não na tem, do mesmo modo que não dá os outros vícios. Todas as virtudes e todos os vícios são inerentes ao Espírito."* (Cap. 9, 10.)

AINDA AS PALAVRAS.

Velho tema, dirás.

E sempre novo, repetiremos.

É que existem palavras e palavras.

Conhecemos aquelas que a filologia reúne, as que a gramática disciplina, as que a praxe entretece e as que a imprensa enfileira...

Referir-nos-emos, contudo, ao verbo arrojado de nós, temperado na boca com os ingredientes da emoção, junto ao paladar daqueles que nos rodeiam. Verbo que nos transporta o calor do sangue e a vibração dos nervos, o açúcar do entendimento e o sal do raciocínio. Indispensável articulá-lo, em moldes de firmeza e compreensão, a fim de que não resvale fora do objetivo.

No trabalho cotidiano, seja ele natural quanto o pão simples no serviço da mesa; no intercâmbio afetivo, usemo-lo à feição de água pura; nos instantes graves, façamo-lo igual ao bisturi do cirurgião que se limita, prudente, à incisão na zona enfermiça, sem golpes desnecessários; nos dias tristes, tomemo-lo por remédio eficiente, sem fugir à dosagem.

*

Palavras são agentes na construção de todos os edifícios da vida.

Lancemo-las, na direção dos outros, com o equilíbrio e a tolerância com que desejamos venham elas até nós.

Sobretudo, evitemos a desconsideração e a ironia.

Todo sarcasmo é tiro a esmo.

E sempre que a irritação nos visite, guardemo-nos em silêncio, de vez que a cólera é tempestade magnética, no mundo da alma, e qualquer palavra que arremessamos, no momento da cólera, é semelhante ao raio fulminatório que ninguém sabe onde vai cair.

CAPÍTULO 25
DONATIVO DA ALMA

> *"Bem-aventurados os que são misericordiosos, porque alcançarão misericórdia."* – JESUS. (*Mateus, 5:7.*)
>
> *"A misericórdia é o complemento da brandura, porquanto aquele que não for misericordioso não poderá ser brando e pacífico."* (Cap. 10, 4.)

REFLETE NAS PROVAÇÕES ALHEIAS E AUXILIA INCESsantemente.

Louvado para sempre o trabalho honesto com que te dispões a minorar as dificuldades dos semelhantes, ensinando-lhes a encontrar a felicidade, através do esforço digno.

Bendita a moeda que deixas escorregar nas mãos fatigadas que se constrangem a implorar o socorro público.

Inesquecível a operação da beneficência, com a qual te desfazes de recursos diversos para que não haja penúria na vizinhança.

Abençoado o dia de serviço gratuito que prestas no amparo aos companheiros menos felizes.

Enaltecido o devotamento que empregas na instrução aos viajores do mundo, que ainda se debatem nos labirintos da ignorância.

Glorificado o conselho fraterno com que te decides a mostrar o melhor caminho.

Santo o remédio com que alivias a dor.

Inolvidáveis todos os investimentos que realizes no Instituto Universal da Providência Divina, quando entregas a benefício dos outros o concurso financeiro, a página educativa, a peça de roupa, o litro de leite, o cobertor agasalhante, o momento de consolo, o gesto de solidariedade, o prato de pão...

Não se pode esquecer que Jesus consignou por crédito sublime da alma, no Reino de Deus, o simples copo de água que se dê no mundo em seu nome.

Entretanto, mil vezes bem-aventurada seja cada hora de tua paciência, diante daqueles que não te compreendam ou te esqueçam, te firam ou te achincalhem, porque a paciência, invariavelmente feita de bondade e silêncio, abnegação e esquecimento do mal, é donativo essencialmente da alma, bênção da fonte divina do amor, que jorra das nascentes do sacrifício, seja formada no suor da humildade ou no pranto oculto do coração.

CAPÍTULO 26

FALAR

> *"Seja, porém, o vosso falar: Sim, sim. Não, não..."* –
> Jesus. (*Mateus*, 5:37.)

> *"Espíritas, queremos falar-vos hoje da indulgência, sentimento doce e fraternal que todo homem deve alimentar para com seus irmãos, mas do qual bem poucos fazem uso."* (Cap. 10, 16.)

Falando, construímos.

Não admitas em tua palavra o corrosivo da malícia ou o azinhavre da queixa. Fala na bondade de Deus, na sabedoria do tempo, na beleza das estações, nas reminiscências alegres, nas induções ao reconforto.

Nos lances difíceis, procura destacar os ângulos capazes de inspirar encorajamento e esperança.

Não te refiras a sucessos calamitosos, senão quando estritamente necessário e ora em silêncio por todos aqueles que lhes sofreram o impacto doloroso. Tanta vez acompanhas com reverente apreço os que tombam em desastre na rua!... Homenageia igualmente com a tua compaixão respeitosa os que resvalam em queda moral, acordando em escabroso infortúnio do coração!...

Se motivos surgem para admoestações, cumpre o dever que te assiste, mas lembra que o estopim é suscetível de ser apagado antes da explosão e reprime os ímpetos de fúria, antes que estourem na cólera. Em várias circunstâncias, a indignação justa é chamada à reposição do equilíbrio, mas deve ser dosada como o fogo, quando trazido ao refúgio doméstico para a execução da limpeza, sem que, por isso, tenhamos necessidade de consumir a casa em labaredas de incêndio.

Larga à sombra de ontem os calhaus que te feriram... A noite já passou na estrada que percorreste e o sol do novo dia nos chama à incessante transformação.

Conversa em trabalho renovador e louva a amizade santificante. Não te detenhas em demasia sobre mágoas, doenças, pesadelos, profecias temerárias e impressões infelizes; dá-lhes apenas breve espaço mental ou verbal, semelhante àquele de que nos utilizamos para afastar um espinho ou remover uma pedra.

Não comentes o mal, senão para exaltar o bem, quando seja possível extrair essa ou aquela lição que ampare a quem lê ou a quem ouve, enobrecendo a vida.

Junto do desespero, providencia o consolo, sem a pretensão de ensinar, e renteando com a penúria, menciona as riquezas que a Bondade Divina espalha a mancheias, em benefício de todas as criaturas, sem desconsiderar a dor dos que choram.

Ilumina a palavra. Deixa que ela te mostre a compreensão e o amor, onde passes, sem olvidar o esclarecimento e sem prejudicar a harmonia. O Cristo edificou o Evangelho, por luz inapagável, nas sombras do mundo, não somente agindo, mas conversando também.

CAPÍTULO 27

NA LUZ DA INDULGÊNCIA

> *"E se ao que quiser pleitear contigo, tirar-te o vestido, larga-lhe também a capa."* – JESUS. (*Mateus*, 5:40.)
>
> *"Sede indulgentes com as faltas alheias, quaisquer que elas sejam; não julgueis com severidade senão as vossas próprias ações e o Senhor usará de indulgência para convosco, como de indulgência houverdes usado para com os outros."* (Cap. 10, 17.)

ANSEIAS PELA VITÓRIA DO BEM, CONTUDO, ACENDE a luz da indulgência para fazê-lo com segurança.

Todos nós, Espíritos imperfeitos, ainda arraigados à evolução da Terra, reclamamos concurso e compaixão uns dos outros, mas nem sempre sabemos por nós mesmos, quando surgimos necessitados de semelhantes recursos.

Em muitas circunstâncias, estamos cegos da reflexão, surdos do entendimento, paralíticos da sensibilidade e anestesiados na memória sem perceber.

*

O irmão da luta de ontem mostra-se hoje em plena abastança material, delirando na ambição desenfreada. Certo, aspiras a vê-lo recambiado ao próprio equilíbrio, a fim de que o dinheiro lhe sirva de instrumento à felicidade, no entanto, para isso, não comeces por censurar-lhe o procedimento. Usa a indulgência e renova-lhe o modo de pensar e de ser.

O amigo escalou a evidência pública, fazendo-se verdugo em nome da autoridade. Queres garantir-lhe o reajuste para que o poder se lhe erija em caminho de paz, entretanto, não te dês a isso, exibindo atitude condenatória. Usa a indulgência, clareando-lhe o raciocínio.

A jovem do teu convívio embriagou-se na ilusão, caindo em sucessivos abusos, a pretexto de mocidade. Justo suspires por reintegrá-la no harmonioso desenvolvimento das próprias faculdades, situando-a no rumo das experiências de natureza superior, todavia, por ajudá-la, não lhe reproves os sonhos. Usa a indulgência e ampara-lhe a meninice.

O companheiro em provas amargas escorregou no desânimo e tombou em desespero. Claro que anelas para ele o retorno à tranquilidade, no entanto, não te entregues às críticas que lhe agravariam a irritação. Usa a indulgência e oferece-lhe apoio.

*

O próprio Criador espera as criaturas, no transcurso do tempo, tolerando-lhes as faltas e encorajando-lhes as esperanças, embora lhes corrija todos os erros, através de leis eficientes e claras.

Indiscutivelmente, ninguém constrói nada de bom, sem responsabilidade e disciplina, advertência e firmeza, mas é imperioso considerar que toda boa obra roga auxílio, a fim de aperfeiçoar-se.

Pensa no bem e faze o bem, contudo, é preciso recordar que o bem exigido pela força da violência gera males inúmeros em torno e desaparece da área luminosa do bem para converter-se no mal maior.

CAPÍTULO 28

PSICOLOGIA DA CARIDADE

> *"Fazei aos homens tudo o que queirais que eles vos façam, pois é nisto que consistem a lei e os profetas."* – JESUS. (*Mateus*, 7:12.)
>
> *"'Amar ao próximo como a si mesmo, fazer pelos outros o que quereríamos que os outros fizessem por nós', é a expressão mais completa da caridade, porque resume todos os deveres do homem para com o próximo."* (Cap. 11, 4.)

PROVAVELMENTE, NÃO EXISTE EM NENHUM TÓPICO da literatura mundial figura mais expressiva que a do samaritano generoso, apresentada por Jesus para definir a psicologia da caridade.

Esbarrando com a vítima de malfeitores anônimos, semimorta na estrada, passaram dois religiosos, pessoas das mais indicadas para o trato da beneficência, mas seguiram de largo, receando complicações.

Entretanto, o samaritano que viajava vê o infeliz e sente-se tocado de compaixão.

Não sabe quem é. Ignora-lhe a procedência.

Não se restringe, porém, à emotividade.

Para e atende.

Balsamiza-lhe as feridas que sangram, coloca-o sobre o cavalo e condu-lo à uma hospedaria, sem os cálculos que o comodismo costuma traçar em nome da prudência.

Não se limita, no entanto, a despejar o necessitado em porta alheia. Entra com ele na vivenda e dispensa-lhe cuidados especiais.

No dia imediato, ao partir, não se mostra indiferente. Paga-lhe as contas, abona-o qual se lhe fora um familiar e compromete-se a resgatar-lhe os compromissos posteriores, sem exigir-lhe o menor sinal de identidade e sem fixar-lhe tributos de gratidão.

Ao despedir-se, não prende o beneficiado em nenhuma recomendação e, no abrigo de que se afasta, não estadeia demagogia de palavras ou atitudes, para atrair influência pessoal.

No exercício do bem, ofereceu o coração e as mãos, o tempo e o trabalho, o dinheiro e a responsabilidade. Deu de si e o que podia por si, sem nada pedir ou perguntar.

Sentiu e agiu, auxiliou e passou.

Sempre que interessados em aprender a praticar a misericórdia e a caridade, rememoremos o ensinamento do Cristo e façamos nós o mesmo.

CAPÍTULO 29
MEIO-BEM

> *"E porque estreita é a porta, e apertado o caminho que leva à vida, poucos há que a encontrem."*
> – JESUS. (*Mateus*, 7:14.)

> *"Amados irmãos, aproveitai dessas lições; é difícil o praticá-las, porém, a alma colhe delas imenso bem. Crede-me, fazei o sublime esforço que vos peço: 'Amai-vos' e vereis a Terra em breve transformada num Paraíso, onde as almas dos justos virão repousar."* (Cap. 11, 9.)

FREQUENTEMENTE, SOMOS DEFRONTADOS POR aqueles que admiram o amor aos semelhantes e que, sem coragem para cortar as raízes do apego a si próprios, se afeiçoam às atividades do *meio-bem*, continuando envolvidos no movimento do mal.

Emprestam valioso concurso a quem administra, mas requisitam favores e privilégios, suscitando dificuldades.

Financiam tarefas beneficentes, distendendo reais benefícios, no entanto, cobram tributos de gratidão, multiplicando problemas.

Entram em lares sofredores, fazendo-se necessários pelo carinho que demonstram, mas solicitam concessões que ferem, quais rijos golpes.

Oferecem cooperação preciosa, em socorrendo as aflições alheias, no entanto, exigem atenções especiais, criando constrangimentos.

Alimentam necessitados e põem-lhes cargas nos ombros.

Acolhem crianças menos felizes, reservando-lhes o jugo da servidão no abrigo familiar.

Elogiam companheiros para que esses mesmos companheiros lhes erijam um trono.

Protegem amigos diligenciando convertê-los em joguetes e escravos.

Não desconhecemos que todo cultivador espera resultados da lavoura a que se dedica e nem ignoramos que semear e colher, conforme a plantação, constituem operações matemáticas no mecanismo da Lei.

Examinamos aqui tão somente a estranha atitude daqueles que não negam a eficácia da abnegação, entregando-se, porém, ao desvairado egoísmo de quem costuma distribuir cinco moedas, no auxílio aos outros, com a intenção de obter cinco mil.

Efetivamente, o mínimo bem vale por luz divina, mas se levado a efeito sem propósitos secundários, como no caso da humilde viúva do Evangelho que se destacou, nos ensinamentos do Cristo, por haver cedido de si mesma a singela importância de dois vinténs sem qualquer condição.

Precatemo-nos desse modo, contra o sistema do *meio-bem*, por onde o mal se insinua, envenenando a fonte das boas obras.

Estrada construída pela metade patrocina acidentes.

Víboras penetram em casa, varando brechas.

O bem pede doação total para que se realize no mundo o bem de todos.

É por isso que a Doutrina Espírita nos esclarece que o bem deve ser praticado com absoluto desinteresse e infatigável devotamento, sem que nos seja lícito, em se tratando de nossa pessoa, reclamar bem algum.

CAPÍTULO 30

BENEFICÊNCIA E JUSTIÇA

> *"E como vós quereis que os homens vos façam, da mesma maneira lhes fazei vós, também."* – JESUS. (*Lucas*, 6:31.)
>
> *"Começai vós por dar o exemplo; sede caridosos para com todos, indistintamente; esforçai-vos por não atentar nos que vos olham com desdém e deixai a Deus o encargo de jazer toda a justiça, a Deus que todos os dias, separa, no Reino, o joio do trigo."* (Cap. 11, 12.).

EXAMINANDO A BENEFICÊNCIA, REFLITAMOS NA justiça que a vida nos preceitua ao senso de relações.

Sem ela, é possível que os nossos melhores empreendimentos sofram a nódoa de velhas mentiras cronicificadas em nome da gentileza.

*

Atravessas escabrosas necessidades materiais e, claro, te alegras, ante o auxílio conveniente, mas se a cooperação chega marcada pelo manifesto desprezo dos que te ajudam com displicência, como se desfizessem de um peso morto, estarias mais contente se te deixassem a sós.

Caíste moralmente, ansiando levantar, e rejubilas-te, diante do apoio que te surge ao reerguimento, entretanto, se esse concurso aparece tisnado de violências, qual se representasses um fardo de vergonha para os que te supõem reabilitar, sentirias reconhecimento maior se te desconhecessem a luta.

Choras, nas crises de provação que te fustigam a existência, e regozijas-te, quando os amigos se dispõem a ouvir-te o coração faminto de solidariedade, mas se pretendem consolar-te, repetindo apontamentos forçados, como se fosses para eles um problema que são constrangidos a suportar, por questões de etiqueta, mostrarias mais ampla gratidão, se te entregassem ao silêncio da própria dor.

A justiça faz-nos sentir que o supérfluo de nossa casa é o necessário que falta ao vizinho; que o irmão ignorante, tombado em erro, é alguém que nos pede os braços e que a aflição alheia amanhã poderá ser nossa.

Beneficência, por isso, assume o caráter de dever puro e simples.

*

Recomenda-nos a regra áurea: "faze aos outros o que desejas te seja feito".

A sentença quer dizer que todos precisamos de apoio à luz da compreensão; de remédio que se acompanhe de enfermagem e de conselho em bases de simpatia.

Em suma, todos necessitamos de caridade uns para com os outros, nesse ou naquele ângulo do caminho, mas é forçoso observar que se a beneficência nos traça a obrigação de ajudar, ensina-nos a justiça como se deve fazer.

CAPÍTULO 31

EM FAVOR DA ALEGRIA

> *"Assim, também, não é vontade de vosso Pai, que está nos céus, que um destes pequeninos se perca."* – JESUS. (*Mateus*, 18:14.)
>
> *"A verdadeira caridade não consiste apenas na esmola que dais, nem, mesmo, nas palavras de consolação que lhe aditeis. Não, não é apenas isso o que Deus exige de vós. A caridade sublime, que Jesus ensinou, também consiste na benevolência de que useis sempre e em todas as coisas para com o vosso próximo."* (Cap. 11, 14.)

MUITO GRANDE NO MUNDO O CORTEJO DAS MOLÉSTIAS que infelicitam as criaturas, no entanto, maior é o fardo de inquietação que lhes pesa nos ombros.

Onde haja sinal de presença humana, aí se amontoam os supliciados morais, lembrando legiões de sonâmbulos, fixados ao sofrimento.

Não apenas os que passeiam na rua a herança de lágrimas que trouxeram ao renascer... Esmagadora percentagem dos aflitos carrega temerosos no refúgio doméstico que, levantado em louvor da alegria familiar, se transforma, não raro, em clausura flagelante. Daí procede o acervo dos desalentados que possuem tão somente a fria visão da névoa para o dia seguinte. São pessoas desacoroçoadas na luta pela aquisição de suprimento a exigências primárias; pais e mães transidos de pesar, diante de filhos que lhes desdouram a existência; mulheres traumatizadas em esforço de sacrifício; crianças e jovens desarvorados nos primeiros passos da vida; companheiros encanecidos em rijas experiências, atrelados à carga de labores caseiros, quando não são acolhidos nos braços da caridade pública, de modo a não perturbarem o sono dos descendentes... Somemos semelhantes desgostos às tribulações dos que clamam por equilíbrio nas grades dos manicômios; dos que sonham liberdade na estreiteza do cárcere; dos que choram manietados em leitos de expiação e dos milhares de espíritos desencarnados, ainda em pesadelos indescritíveis, que comunicam à esfera física os rescaldos do próprio desespero, e verificaremos que a tristeza destrutiva é comparável à praga fluídica, prejudicando todos os flancos da evolução na Terra.

Ponderando tudo isso, respeitemos a dor, mas plantemos a alegria e a esperança, onde nossa influência logre chegar.

Falemos de otimismo, cultivemos serviço, ensinemos confiança e exercitemos serenidade.

Ninguém espera sejamos remédio a toda angústia e rio a toda sede, entretanto, à frente da sombra e da secura que atormentam os homens, cada um de nós pode ser a consolação do raio de luz e a bênção do copo d'água.

CAPÍTULO 32
COMPAIXÃO E SOCORRO

> *"Amai, pois, a vossos inimigos [...]"* – JESUS. (*Lucas*, 6:35.)

> *"Se o amor do próximo constitui o princípio da caridade, amar os inimigos é a mais sublime aplicação desse princípio, porquanto a posse de tal virtude representa uma das maiores vitórias alcançadas contra o egoísmo e o orgulho."* (Cap. 12, 3.)

NÃO APENAS OS NOSSOS ADVERSÁRIOS COSTUMAM CAIR. É preciso entender que as situações constrangedoras não aparecem unicamente diante daqueles que não nos comungam os ideais, cujas deficiências, por isso mesmo, estamos naturalmente inclinados a procurar e reconhecer.

As criaturas que mais amamos também erram, como temos errado, e adquirem compromissos indesejáveis, como, tantas vezes, temos nós abraçado problemas difíceis de resolver.

E todos eles – os irmãos que resvalam na estrada – decerto pedem palavras que os esclareçam e braços que os levantem.

Tanto quanto nós, na travessia das trevas interiores, quando as trevas interiores nos tomam de assalto, reclamam compaixão e socorro, ao invés de espancamento e censura.

Ainda assim, compaixão e socorro não significam aplauso e conivência para com as ilusões de que devemos desvencilhar-nos.

Em verdade, exortou-nos Jesus a deixar conjugados, o trigo e o joio, na gleba da experiência, de vez que a Divina Sabedoria separará um do outro, no dia da ceifa, mas não nos recomendou sustentar reunidos a planta útil e a praga que a destrói. À vista disso, a compaixão e o socorro expressam-se no cultivador, através da bondade vigilante, com que libertará o vegetal proveitoso da larva que o carcome.

O papel da compaixão é compreender.

A função do socorro é restaurar.

Mas se a compaixão acalenta o mal reconhecido, a título de ternura, converte-se em anestesia da consciência e se o socorro suprime o remédio necessário ao doente, a pretexto de resguardar-lhe o conforto, transforma-se na irresponsabilidade fantasiada de carinho, apressando-lhe a morte.

Reconhecendo, pois, que todos somos suscetíveis de queda, saibamos estender incessantemente compaixão e socorro, onde estivermos, sem escárnio para com as nossas feridas e sem louvor para com as nossas fraquezas, agindo por irmãos afetuosos e compassivos, mas sinceros e leais uns dos outros, a fim de continuarmos, todos juntos, na construção do Bem Eterno, trabalhando e servindo, cada qual de nós, em seu próprio lugar.

CAPÍTULO 33

COMPAIXÃO SEMPRE

> *"Não julgueis e não sereis julgados; não condeneis e não sereis condenados; soltai e soltar-vos-ão."*
> – JESUS. (*Lucas*, 6:37.)

> *"Não esqueçais, meus queridos filhos, que o amor aproxima de Deus a criatura e o ódio a distancia dele."* (Cap. 12, 10.)

PERANTE O COMPANHEIRO QUE TE PARECE MALFEITOR, silencia e ampara sempre.

Assim como existem pessoas, aparentemente sadias, carregando enfermidades que apenas no futuro se farão evidentes para a intervenção necessária, há criaturas supostamente normais, portadoras de estranhos desequilíbrios, aos quais se lhes debitam os gestos menos edificantes.

Compadece-te, pois, e estende os braços para a obra do auxílio.

Muitos daqueles que tombaram na indisciplina e na violência, acabando segregados nas casas de tratamento moral, guardam consigo os braseiros de angústia que lhes foram impostos, em dolorosos processos obsessivos, pelas mãos imponderáveis dos adversários desencarnados de outras existências... E quase todos os que esmoreceram no caminho das próprias obrigações, rendendo-se ao assalto da crueldade e do desespero, sustentaram, por tempo enorme, na intimidade do próprio ser, a agoniada tensão da resistência às forças do mal, sucumbindo, muitas vezes, à míngua de compreensão e de amor...

Para todos eles, os nossos irmãos caídos em delinquência, volvamos, assim, pensamento e ação tocados de simpatia, recordando Jesus, que não cogita de nossas imperfeições para sustentar-nos, e certos de que também nós, pela extensão das próprias fraquezas, não conseguimos, em verdade, saber em que obstáculos do caminho os nossos pés tropeçarão.

CAPÍTULO 34

DEVERES HUMILDES

> *"Em verdade vos digo que esta pobre viúva deu muito mais dos que, antes, puseram suas dádivas no gazofilácio."* – JESUS. (*Marcos*, 12:43.)
>
> *"Aliás, será só com o dinheiro que se podem secar lágrimas e dever-se-á ficar inativo, desde que se não tenha dinheiro? Todo aquele que sinceramente deseja ser útil a seus irmãos, mil ocasiões encontrará de realizar o seu desejo."* (Cap. 13, 6.)

ABRACEMOS, FELIZES, AS ATIVIDADES OBSCURAS que a vida nos reserve.

Grande é o Sol que sustenta os mundos e grande é a semente que nutre os homens.

*

Engenheiros planificam a estrada, consultando livros preciosos no gabinete e, a breve tempo, larga avenida pode surgir da selva.

Entretanto, para que a realização apareça, tarefeiros abnegados removem estorvos do solo e transpiram no calçamento.

*

Urbanistas esboçam a planta de enorme edifício, alinhando traços nobres, ante a mesa tranquila e é possível que o arranha-céu se levante, pressuroso, acolhendo com segurança numerosas pessoas.

Todavia, a fim de que a obra se erga, esfalfam-se lidadores suarentos, na garantia dos alicerces.

*

Técnicos avançados estruturam as máquinas que exaltam a indústria e, com elas, é provável se eleve o índice da evolução de povos inteiros.

No entanto, para que isso aconteça, é indispensável que operários valorosos exponham as próprias vidas, junto aos fornos candentes de ferro e aço.

*

Negociantes de prol arregimentam os produtos da terra e, por eles, conseguem formar a economia e o sustento de grandes comunidades.

Mas semelhante vitória comercial exige que anônimos semeadores chafurdem as mãos no limo da gleba.

*

Não perguntes "quem sou eu?" nem digas "nada valho".

Honremos o serviço que invariavelmente nos honra, guardando-lhe fidelidade e ofertando-lhe as nossas melhores forças, ainda mesmo quando se expresse, através de ocupação, supostamente esquecida na retaguarda.

Nos princípios que regem o Universo, todo trabalho construtivo é respeitável.

Repara esse dispositivo da Lei Divina funcionando em ti próprio.

Caminhas e pensas de cabeça içada à glória do firmamento, contudo, por ti mesmo, não avançarás para a frente, sem a humildade dos pés.

CAPÍTULO 35

ELES ANTES

> *"Quando deres um festim, não convides teus amigos, nem os teus irmãos, nem os teus vizinhos ricos, para que não suceda que também eles te tornem a convidar e te seja isso recompensado."*
> – JESUS. (*Lucas*, 14:12.)

> *"Por festins deveis entender, não os repastos propriamente ditos, mas a participação na abundância de que desfrutais."* (Cap. 13, 8.)

"QUANDO DERDES UM FESTIM, DISSE JESUS, NÃO convideis para ele os vossos amigos, mas os pobres e os estropiados."

Decerto que o Divino Orientador não estabelecia a desistência das relações fraternais, nem o abandono do culto às afinidades do coração. Considerando, porém, a Humanidade por família única, induzia-nos a observar os irmãos menos felizes, na categoria de credores principais de nossa atenção, à maneira de enfermos queridos, que esperam no lar a prioridade de assistência por parte daqueles que lhes comungam o mesmo sangue.

Nas celebrações da alegria, é inútil convocar os entes amados, de vez que todos eles se encontram automaticamente dentro delas. Recorda os que jornadeiam no mundo, sob as algemas de austeras privações e partilha com eles as vantagens que te felicitam a vida.

*

Se exerces autoridade, é natural te disponhas à sustentação dos companheiros honestos que te apoiam a luta. Antes deles, no entanto, pensa no amparo que deves a todos os que padecem aflição e injustiça.

Obtiveste merecimentos sociais elevados pelos títulos de competência que granjeaste a preço de trabalho e de estudo, e, com semelhantes valores, é razoável te empenhes no reconforto, a benefício dos que viajam no carro de tuas facilidades terrestres. Antes deles, contudo, atende à cooperação em favor dos que jazem cansados nas provações sem remédio.

Desfrutas extensa possibilidade econômica, na qual é compreensível te devotes a obsequiar os amigos do teu nível doméstico. Antes deles, todavia, socorre os que esmorecem de fadiga e penúria, para quem, muitas vezes, a felicidade reside num sorriso amistoso ou num prato de pão.

Amealhaste conhecimento e, nos tesouros culturais que adquiriste, é justo te aprazas, nos torneios verbais de salão, enriquecendo o cérebro dos ouvintes que te respiram as normas superiores. Antes deles, porém, divide a luz que te clareia o mundo mental com os irmãos do caminho, que se debatem, ainda, na noite da ignorância.

Jesus não te pede a deserção dos círculos afetivos.

Ele próprio, certa feita, asseverou aos companheiros de apostolado: "Já não vos chamo servos, porque o servo não sabe o que faz o meu senhor; chamo-vos, amigos, porque vos revelei tudo quanto ouvi de meu Pai".

Com os amigos, entretanto, consagrou-se primeiramente a aliviar a carga de todos os sofredores, como a dizer-nos que todos podemos cultivar afeições preciosas que nos alentem as energias, mas à frente dos que choram, nos transes de dolorosas necessidades, é preciso adotar a legenda – "eles, antes".

CAPÍTULO 36

NA HORA DA ASSISTÊNCIA

> *"Mas, quando fizeres convite, chama os pobres, aleijados, coxos e cegos." –* Jesus. (*Lucas*, 14:13.)
> *"Auxiliai os infelizes o melhor que puderdes."* (Cap. 13, 9.)

Nas obras de assistência aos irmãos que nos felicitam com as oportunidades do serviço fraterno, em nome do Senhor, vale salientar a autoridade amorosa do Cristo que no-los recomendou.

Ao recebê-los à porta, intentemos ofertar-lhes algumas frases de conforto e bom ânimo, sem ferir-lhes o coração, ainda mesmo quando não lhes possamos ser úteis.

Visitando-lhes o lar, diligenciemos respirar-lhes o ambiente doméstico, afetuosamente, reconhecendo-nos, na intimidade da própria família, que nos merece respeito natural e cooperação espontânea, sem traços de censura.

Em lhes servindo à mesa, fujamos de reprovar-lhes os modos ou expressões, diferentes dos nossos, calando apontamentos desprimorosos e manifestações de azedume, o que lhes agravaria a subalternidade e a desventura.

Socorrendo-lhes o corpo enfermo ou dolorido, reflitamos nos seres que nos são particularmente amados e imaginemos a gratidão de que seríamos possuídos, diante daqueles que os amparassem nos constrangimentos orgânicos.

Se aceitamos a incumbência de provê-los nas filas organizadas para a distribuição de favores diminutos, preservemos o regulamento estabelecido, com lhaneza e bondade, sem fomentar impaciência ou tumulto; e, se alguns deles, depois de atendidos, voltarem a nova solicitação, recordemos os filhos queridos, quando nos pedem repetição do prato, e procuremos satisfazê-los, dentro das possibilidades em mão, sem desmerecê-los com qualquer reprimenda.

Na ocasião em que estivermos reunidos, em equipes de trabalho, a fim de supri-los, estejamos de bom humor, resguardando a disciplina sem intolerância e cultivando a generosidade sem relaxamento, na convicção de que, usando a gentileza, no veículo da ordem, é sempre possível situar os tarefeiros do bem, no lugar próprio, sem desaproveitar-lhes o concurso valioso.

Nós que sabemos acatar com apreço e solicitude a todos os representantes dos poderes transitórios do mundo e que treinamos boas maneiras para comportamento digno nos salões aristocráticos da Terra, saibamos também ser afáveis e amigos, junto dos nossos companheiros em dificuldades maiores.

Eles não são apenas nossos irmãos. São convidados de Cristo, em nossa casa, pelos quais encontramos ensejo de demonstrar carinho e consideração para com Ele, o Divino Mestre, em pequeninos gestos de amor.

CAPÍTULO 37

EXERCÍCIO DO BEM

> *"Mas ajuntai tesouros no céu, onde nem a traça nem a ferrugem consomem, e onde os ladrões não minam nem roubam." –* JESUS. (*Mateus*, 6:20.)
>
> *"Sede bons e caridosos: essa a chave dos céus, chave que tendes em vossas mãos. Toda a eterna felicidade se contém neste preceito: 'Amai-vos uns aos outros'."* (Cap. 13, 12.)

COMUMENTE INVENTAMOS TODA A ESPÉCIE DE PRE-textos para recusar os deveres que nos constrangem ao exercício do bem.

Amolentados no reconforto e instalados egoisticamente em vantagens pessoais, no imediatismo do mundo, não ignoramos que é preciso agir e servir na solidariedade humana, todavia, derramamos desculpas a rodo, escondendo teimosia e mascarando deserção.

Confessamo-nos incompetentes.

Alegamos cansaço.

Afirmamo-nos sem tempo.

Declaramo-nos enfermos.

Destacamos a necessidade de vigilância na contenção do vício.

Reclamamos cooperação.

Aqui e ali, empregamos expressões cronicificadas que nos justifiquem a fuga, como sejam "muito difícil", "impossível", "melhor esperar", "vamos ver" e ponderamos vagamente quanto aos arrependimentos que nos amarguram o coração e complicam a vida, à face de sentimentos, ideias, palavras e atos infelizes a que, em outras ocasiões, nos precipitamos de maneira impensada.

Na maioria das vezes, para o bem, exigimos o atendimento a preceitos e cálculos, enquanto que, para o mal, apenas de raro em raro, imaginamos consequências.

Entretanto, o conhecimento do bem para que o bem se realize é de tamanha importância que o apóstolo Tiago afirma no versículo 17 do capítulo 4 de sua carta no Evangelho: "Todo aquele que sabe fazer o bem e não o faz comete falta". E dezenove séculos depois dele, os instrutores desencarnados que supervisionaram a obra de Allan Kardec desenvolveram o ensinamento ainda mais, explicando na questão 642 de *O livro dos espíritos*: "Cumpre ao homem fazer o bem, no limite de suas forças, porquanto responderá pelo mal que resulte de não haver praticado o bem".

O Espiritismo, dessa forma, definindo-se não apenas como sendo a religião da verdade e do amor, mas também da justiça e da responsabilidade, vem esclarecer-nos que responderemos, não só pelo mal que houvermos feito, mas igualmente pelo mal que decorra do nosso comodismo em não praticando o bem que nos cabe fazer.

CAPÍTULO 38

CREDORES NO LAR

> *"Honrai vosso pai e vossa mãe [...]"* – JESUS. (*Mateus*, 19:19.)
>
> *"Honrar a seu pai e sua mãe não consiste apenas em respeitá-los; é também assisti-los na necessidade; é proporcionar-lhes repouso na velhice; é cercá-los de cuidados como eles fizeram conosco na infância."* (Cap. 14, 3.)

NO DEVOTAMENTO DOS PAIS, TODOS OS FILHOS SÃO joias de luz, entretanto, para que compreendas certos antagonismos que te afligem no lar, é preciso saibas que, entre os filhos-companheiros que te apoiam a alma, surgem os filhos-credores, alcançando-te a vida, por instrutores de feição diferente.

Subtraindo-te aos choques de caráter negativo, no reencontro, preceitua a eterna bondade da Justiça Divina que a reencarnação funcione, reconduzindo-os à tua presença, através do berço. É por isso que, a princípio, não ombreiam contigo, em casa, como de igual para igual, porquanto reaparecem humildes e pequeninos.

Chegam frágeis e emudecidos, para que lhes ensines a palavra de apaziguamento e brandura.

Não te rogam a liquidação de débitos, na intimidade do gabinete, e sim procuram-te o colo para nova fase de entendimento.

Respiram-te o hálito e escoram-se em tuas mãos, instalando-se em teus passos, para a transfiguração do próprio destino.

Embora desarmados, controlam-te os sentimentos.

Não obstante dependerem de ti, alteram-te as decisões com simples olhar.

De doces numes do carinho, passam, com o tempo, à condição de examinadores constantes de tua estrada.

Governam-te impulsos, fiscalizam-te os gestos, observam-te as companhias e exigem-te as horas.

Reaprendem na escola do mundo com o teu amparo, todavia, à medida que se desenvolvem no conhecimento superior, transformam-se em inspetores intransigentes do teu grau de instrução.

Muitas vezes choras e sofres, tentando adivinhar-lhes os pensamentos para que te percebam os testemunhos de amor.

Calas os próprios sonhos, para que os sonhos deles se realizem.

Apagas-te, a pouco a pouco, para que fuljam em teu lugar.

Recebes todas as dores que te impõem à alma, com sorrisos nos lábios, conquanto te amarfanhem o coração.

E nunca possuis o bastante para abrilhantar-lhes a existência, de vez que tudo lhes dás de ti mesmo, sem faturas de serviço e sem notas de pagamento.

*

Quando te vejas, diante de filhos crescidos e lúcidos, erguidos à condição de dolorosos problemas do espírito, recorda que são eles credores do passado a te pedirem o resgate de velhas contas.

Busca auxiliá-los e sustentá-los com abnegação e ternura, ainda que isso te custe todos os sacrifícios, porque, no justo instante em que a consciência te afirme tudo haveres efetuado para enriquecê-los de educação e trabalho, dignidade e alegria, terás conquistado em silêncio, o luminoso certificado de tua própria libertação.

CAPÍTULO 39

FAMILIARES

> *"Porquanto, qualquer que fizer a vontade de Deus, esse é meu irmão, minha irmã e minha mãe."*
> – Jesus. (*Marcos*, 3:35.)
>
> *"Há, pois, duas espécies de famílias: as famílias pelos laços espirituais e as famílias pelos laços corporais. Duráveis, as primeiras se fortalecem pela purificação e se perpetuam, no mundo dos Espíritos, através das várias migrações da alma; as segundas, frágeis como a matéria, se extinguem com o tempo e muitas vezes se dissolvem moralmente, já na existência atual."* (Cap. 14, 8.)

Parentela – instituto primário de caridade.

Fora do lar, é possível o sossego na consciência, distribuindo as sobras do dinheiro ou do tempo, aliás, com o mérito de quem sabe entesourar a beneficência.

Nada difícil suportar o agressor desconhecido que raramente conseguiremos rever.

Nenhum sacrifício em amparar o doente, largado na rua, a quem não nos vinculamos em compromisso direto.

Em casa, porém, somos constrangidos ao exercício da assistência constante.

É aí, no reduto doméstico, por trás das paredes que nos isolam do aplauso público, que a Providência Divina nos experimenta a madureza mental ou o proveito dos bons conselhos que ministramos.

Nós que, de vez em vez, desembolsamos sorrindo pequena parcela de recursos amoedados, em benefício dos outros, estamos incessantemente convocados a sustentar os familiares que precisam de nós, não apenas mobilizando possibilidades materiais, mas também apoio e compreensão, disciplina e exemplo, resguardando as forças que nos asseguram felicidade.

*

Anseias por encargos sublimes, queres a convivência das entidades superiores, sonhas com a posse de dons luminescentes, suspiras pela ascensão espiritual!...

Contempla, no entanto, o espaço estreito que te serve de moradia e lembra-te da criança na escola.

Em cada companheiro que partilha a consanguinidade, temos um livro de lições que, às vezes, nos detém o passo por tempo enorme, no esforço da repetência. Cada um deles nos impele a desenvolver determinadas virtudes; num, a paciência, noutro, a lealdade, e ainda em outros, o equilíbrio e a abnegação, a firmeza e a brandura!

A pretexto de auxiliar a Humanidade, não fujas do cadinho fervente de lutas em que a vida te colocou sob o telhado em que respiras. Ainda mesmo ao preço de todos os valores da existência física, refaze milhares de vezes, as tuas demonstrações de humildade e serviço, perante as criaturas que te cercam, ostentando os títulos de pai ou mãe, esposo ou esposa, filhos ou irmãos, porque é de tua vitória moral junto deles que depende a tua admissão definitiva, entre os amados que te esperam, nas vanguardas de luz, em perpetuidade de regozijo na Família Maior.

CAPÍTULO 40
NA INTIMIDADE DOMÉSTICA

> *"Em verdade vos digo que quando o fizestes a um destes meus pequeninos irmãos, a mim o fizestes."* – JESUS. (*Mateus*, 25:40.)
>
> *"Toda a moral de Jesus se resume na caridade e na humildade, isto é, nas duas virtudes contrárias ao egoísmo e ao orgulho."* (Cap. 15, 3.)

A HISTÓRIA DO BOM SAMARITANO, REPETIDAMENTE estudada, oferece conclusões sempre novas.

O viajante compassivo encontra o ferido anônimo na estrada.

Não hesita em auxiliá-lo.

Estende-lhe as mãos.

Pensa-lhe as feridas.

Recolhe-o nos braços sem qualquer ideia de preconceito.

Condu-lo ao albergue mais próximo.

Garante-lhe a pousada.

Olvida conveniências e permanece junto dele, enquanto necessário.

Abstém-se de indagações.

Parte ao encontro do dever, assegurando-lhe a assistência com os recursos da própria bolsa, sem prescrever-lhe obrigações.

*

Jesus transmitiu-nos a parábola, ensinando-nos o exercício de caridade real, mas, até agora, transcorridos quase dois milênios, aplicamo-la, via de regra, às pessoas que não nos comungam o quadro particular.

Quase sempre, todavia, temos os caídos do reduto doméstico.

Não descem de Jerusalém para Jericó, mas tombam da fé para a desilusão e da alegria para dor, espoliados nas melhores esperanças, em rudes experiências.

Quantas vezes, surpreendemos as vítimas da obsessão e do erro, da tristeza e da provação, dentro de casa!

Julgamos, assim, que a parábola do bom samaritano produzirá também efeitos admiráveis, toda vez que nos decidirmos a usá-la, na vida íntima, compreendendo e auxiliando aos vizinhos e companheiros, parentes e amigos, sem nada exigir e sem nada perguntar.

CAPÍTULO 41
CONCESSÕES

> *"Dá a quem te pedir, e não te desvies daquele que quiser que lhe emprestes."* – JESUS. (*Mateus*, 5:42.)
>
> *"Não podendo amar a Deus sem praticar a caridade para com o próximo, todos os deveres do homem se resumem nesta máxima: Fora da caridade não há salvação."* (Cap. 15, 5.)

ENQUANTO PODES AGIR NO CORPO TERRESTRE, medita, de quando em quando, naqueles que largaram, sob regime de compulsória, os talentos que o mundo lhes confiou.

Para isso, não é necessário recorrer ao arquivo dos milênios e nem consultar a pompa dos museus.

Alinha na memória os que viste partir nos últimos vinte anos!

Líderes do povo, que detinham o poder de influenciar a multidão, abandonaram o leme das ideias que governavam, impelidos de chofre a varar a névoa do túmulo...

Magnatas da fortuna, que retinham valiosas delegações de competência para resolver as necessidades do próximo, viram-se, de momento para outro, privados das propriedades que ajuntaram, coagidos a entregá-las ao arbítrio dos descendentes...

Missionários de diferentes climas religiosos, que mantinham a possibilidade de consolar e instruir, desceram, precipitadamente, das galerias de autoridade, em que traçavam princípios para as estradas alheias...

Criadores do pensamento, que sustinham a prerrogativa de impressionar pessoas, através do verbo falado ou escrito, tiveram, de súbito, a palavra cassada pela desencarnação ou pela afasia, muitas vezes, no exato momento em que mais desejavam comandar a oratória ou o cérebro lúcido...

Pensa neles, os beneficiários das concessões divinas que te precederam na morte e faze hoje algo melhor que ontem, nos domínios do bem para que o bem te favoreça.

Não apenas os dons da inteligência, mas também o corpo físico, as vantagens diversas, os patrimônios afetivos e até mesmo as dores que te povoam as horas são recursos de que te aproprias na Terra, com permissão do Senhor, para investi-los na construção da própria felicidade.

As leis que vigem no plano físico são fundamentalmente as mesmas que orientam as criaturas no Plano Espiritual.

Um empréstimo fala sempre da generosidade do credor que o concede, mas revela igualmente, na contabilidade da vida, o bem ou o mal que se faz com ele.

CAPÍTULO 42

NAS SENDAS DO MUNDO

> *"Não ajunteis tesouros na terra, onde a traça e a ferrugem tudo consomem, e onde os ladrões minam e roubam." –* JESUS. (*Mateus*, 6:19.)
>
> *"Meus filhos, na máxima: Fora da caridade não há salvação, estão encerrados os destinos dos homens, na Terra e no céu; na Terra, porque à sombra desse estandarte eles viverão em paz; no céu, porque os que a houverem praticado, acharão graças diante do Senhor."* (Cap. 15, 10.)

DEUS QUE NOS AUXILIA SEMPRE NOS PERMITE POSsuir, para que aprendamos também a auxiliar.

*

Habitualmente, atraímos a riqueza e supomos detê-la para sempre, adornando-nos com as facilidades que o ouro proporciona... Um dia, porém, nas fronteiras da morte, somos despojados de todas as posses exteriores e se algo nos fica será simplesmente a plantação das migalhas de amor que houvermos distribuído, creditadas em nosso nome pela alegria, ainda mesmo precária e momentânea, daqueles que nos fizeram a bondade de recebê-las.

*

Via de regra, amontoamos títulos de poder e admitimo-nos donos deles, enfeitando-nos com as vantagens que a influência prodigaliza... Um dia, porém, nas fronteiras da morte, somos despojados de todas as primazias de convenção e se algo nos fica será simplesmente o saldo dos pequenos favores que houvermos articulado, mantidos em nosso nome pelo alívio, ainda mesmo insignificante e despercebido, daqueles que nos fizeram a gentileza de aceitar-nos os impulsos fraternos.

*

Geralmente repetimos frases santificantes, crendo-as definitivamente incorporadas ao nosso patrimônio espiritual, ornando-nos com o prestígio que a frase brilhante atribui... Um dia, porém, nas fronteiras da morte, somos despojados de todas as ilusões e se algo nos fica será simplesmente a estreita coleção dos benefícios que houvermos feito, assinalados em nosso nome pelo conforto, ainda mesmo ligeiro e desconhecido, daqueles que nos deram oportunidade a singelos ensaios de elevação.

*

Serve onde estiveres e como puderes, nos moldes da consciência tranquila.

Caridade não é tão somente a divina virtude, é também o sistema contábil do Universo, que nos permite a felicidade de auxiliar para sermos auxiliados.

Um dia, nas alfândegas da morte, toda a bagagem daquilo de que não necessites ser-te-á confiscada, entretanto, as Leis Divinas determinarão recolhas, com avultados juros de alegria, tudo o que destes do que és, do que fazes, do que sabes e do que tens, em socorro dos outros, transfigurando-te as concessões em valores eternos da alma, que te assegurarão amplos recursos aquisitivos no Plano Espiritual.

Não digas, assim, que a propriedade não existe ou que não vale dispor disso ou daquilo.

Em verdade, devemos a Deus tudo o que temos, mas possuímos o que damos.

CAPÍTULO 43

EMPREGO DE RIQUEZAS

> *"Acautelai-vos e guardai-vos da avareza; porque a vida de alguém não consiste da abundância daquilo que possui."* – JESUS. (*Lucas*, 12:15.)
>
> *"Se a riqueza somente males houvesse de produzir, Deus não a teria posto na Terra."* (Cap. 16, 7.)

FOGE DE REPROVAR TODOS AQUELES QUE TRANSITAM na Terra sob a cruz do dinheiro, a definir-se, frequentemente, por fardo de aflição.

Não somente os depósitos amoedados podem ser convertidos em trabalho renovador e santificante.

Todas as disponibilidades da Natureza são forças neutras.

O ouro e o vapor, a eletricidade e o magnetismo não são maus e nem bons em si mesmos; o uso é o denominador comum que lhes revela os bens ou os males decorrentes do controle e da orientação que lhes imprimimos.

*

Meditemos na utilização daquelas outras riquezas que nos felicitam a cada hora.

No teste individual, é desnecessário ir longe para a justa demonstração.

Ouçamos a consciência sobre o aproveitamento de todas as preciosas possibilidades do corpo que nos patenteiam a mente.

Diante de uma cena suspeitosa, observemos a conduta que distamos aos olhos para que nos auxiliem a fixar as imagens edificantes, com espontâneo desinteresse por todos os ingredientes capazes de formar o vinagre da injúria.

Escutando essa ou aquela notícia inusitada, reparemos a diretriz que impomos aos próprios ouvidos, de modo a que retenham o melhor das informações recolhidas, a fim de que a nossa palavra se abstenha de tudo o que possa constituir agravo a instituições e pessoas.

À frente do trabalho, é preciso anotar que espécie de comportamento indicamos aos nossos implementos de manifestação, para que não nos disponhamos a ilaquear[4] os deveres que nos competem, com flagrante prejuízo dos outros.

---

[4] N.E.: Fazer cair em logro; enganar, lograr, embair, embaçar.

Em assuntos do sentimento, será forçoso perguntar, no íntimo, quanto ao procedimento que sugerimos aos nossos recursos de expressão afetiva, para que, em nome do amor, não venhamos a precipitar corações sensíveis e generosos em abismos de criminalidade e desilusão.

*

Reflitamos nos talentos divinos que nos abençoam em todas as esferas da existência e, desejando felicidade e vitória, a todos os nossos amigos que se movimentam, no mundo, sob o peso da fortuna transitória, com difíceis problemas a resolver, anotemos com imparcialidade como empregamos, dia a dia, os créditos do tempo e os tesouros da vida, para que venhamos a saber com segurança o que estamos fazendo realmente de nós.

CAPÍTULO 44

DINHEIRO, O SERVIDOR

> *"Disse-lhe o Senhor: Bem está, bom e fiel servo. Sobre o pouco foste fiel, sobre muito te colocarei."*
> – JESUS. (*Mateus*, 25:23.)
>
> *"A pobreza é para os que a sofrem, a prova da paciência e da resignação; a riqueza é, para os outros, a prova da caridade e da abnegação."*
> (Cap. 16, 8.)

O DINHEIRO É SEMELHANTE À ALAVANCA SUSCETÍvel de ser manejada para o bem ou para o mal.

Acorrentado ao poste da avareza, produz o azinhavre da sovinice, contudo, sob a inspiração do trabalho, é o lidador fiel que assegura os frutos do milharal e as paredes da escola, a cantiga do malho e a força da usina.

Atrelado ao carro do orgulho, é o estimulante do erro, mas, na luz da fraternidade, é o obreiro da renovação incessante, enriquecendo o solo e construindo a cidade, desdobrando os fios do entendimento e garantindo os valores da educação.

Aferrolhado no cofre da ambição desvairada, é o inimigo da evolução, todavia, endereçado à cultura, é o agente do progresso, auxiliando o homem a solucionar os enigmas da enfermidade e a resolver os problemas da fome, a compreender os mecanismos da Natureza e a inflamar o esplendor da civilização que analisa a terra e vasculha o firmamento.

Detido na sombra do egoísmo, é o veneno que promove a secura do sentimento, no entanto, confiado à caridade, é o amigo prestimoso que desabotoa rosas de alegria no espinheiral da provação, alimentando pequeninos desamparados e sustentando mães esquecidas, levantando almas abatidas que o infortúnio alanceia e iluminando lares desditosos que a necessidade escurece.

*

Dinheiro! Repara o dinheiro! Dizem que ele é o responsável pelo transeunte que a embriaguez atira à calçada, pelo delinquente escondido nas aventuras da noite, pelo irmão infeliz que anestesiou a consciência na cocaína e pela mão insensível que matou a criancinha no claustro materno, entretanto, por trás da garrafa e da arma delituosa, tanto quanto na retaguarda do entorpecente e do aborto, permanece a inteligência humana, que escraviza a moeda à criminalidade e à loucura.

*

Contempla o dinheiro, pensando no suor e no sangue, na vigília e na aflição de todos aqueles que choraram e sofreram para ganhá-lo e vê-lo-ás por servidor da felicidade e do aprimoramento do mundo, a rogar em silêncio para que lhe ensines a realizar o bem que lhe cabe fazer.

CAPÍTULO 45

PROPRIEDADES

> *"Porque onde estiver o vosso tesouro, aí estará também o vosso coração."* – JESUS. (*Mateus*, 6:21.)
>
> *"O homem só possui em plena propriedade aquilo que lhe é dado levar deste mundo."* (Cap. 16, 9.)

EM TUDO O QUE SE REFIRA À PROPRIEDADE, ENUMERA, acima de tudo, aquelas que partilhas, por dons inexprimíveis da Infinita Bondade, e que, por se haverem incorporado tranquilamente ao teu modo de ser, quase sempre delas não fazes conta.

Diariamente, recolhes, com absoluta indiferença, as cintilações da coroa solar a se derramarem, por forças divinas, no regaço da terra, transfigurando-se em calor e pão, no entanto, basta pequeno rebanho de nuvens na atmosfera para que te revoltes contra o frio.

Dispões das águas circulantes que, em mananciais e poços, rios e chuvas, te felicitam a existência, sem que te lembres disso, e, ante o breve empecilho do encanamento no recinto doméstico, entregas-te sem defesa a pensamentos de irritação.

Flores aos milhares, na estrada e no campo, convidam-te a meditar na grandeza da Inteligência Divina, conversando contigo pelo idioma particular do perfume e, em muitas circunstâncias, não hesitas esfacelá-las sob os pés, deitando reclamações se pequenino seixo te penetra o sapato.

Correntes aéreas trazem de longe princípios nutrientes, sustentando-te a vida e lhes consomes as energias, à feição da criança que se rejubila inconsciente e feliz no seio materno, e, se o vento agita leve camada de pó, costumas acusar desagrado e intemperança.

Possuis no corpo todo um castelo de faculdades prodigiosas que te enseja pelas ogivas dos sentidos à contemplação e à análise do Universo, permitindo-te ver e ouvir, falar e orientar, aprender e discernir, sem que lhe percebas, de pronto, o ilimitado valor, e dificilmente deixas de clamar contra os excedentes que assinalas no caminho dos semelhantes, sem refletir nos aborrecimentos e nas provas que a posse efêmera disso ou daquilo lhes acarreta à existência.

*

Não invejes a propriedade transitória dos outros.

Ignoras por que motivo a fortuna amoedada lhes aumenta a responsabilidade e requeima a cabeça.

Sobretudo, nunca relaciones a ausência do supérfluo.

Considera os talentos imperecíveis que já reténs na intimidade da própria alma e lembra-te de que transportas no coração e nas mãos os recursos inefáveis de estender, infinitamente, os tesouros do trabalho e as riquezas do amor.

CAPÍTULO 46

MOEDA E TRABALHO

> *"Porque isto é também como um homem que, partindo para fora da terra, chamou os seus servos, e entregou-lhes os seus bens."* – JESUS. (*Mateus*, 25.14.)
>
> *"Os bens da Terra pertencem a Deus, que os distribui a seu grado, não sendo o homem senão o usufruário, o administrador mais ou menos íntegro e inteligente desses bens."* (Cap. 16, 10.)

SE MUITOS CORAÇÕES JAZEM PETRIFICADOS NA Terra, em azinhavre de sovinice, fujamos de atribuir ao dinheiro semelhantes calamidades.

Condenar a fortuna pelos desastres da avareza, seria o mesmo que espancar o automóvel pelos abusos do motorista.

O fogo é companheiro do homem, desde a aurora da razão, e por que surjam, de vez em vez, incêndios arrasadores, ninguém reclamará do mundo o disparate de suprimi-lo.

Os anestésicos são preciosos auxiliares de socorro à saúde humana, mas se existem criaturas que fazem deles instrumentos do vício, ninguém rogará da Ciência essa ou aquela medida que lhes objetive a destruição.

*

A moeda, em qualquer forma, é agente neutro de trabalho, pedindo instrução que a dirija.

Dirás provavelmente que o dinheiro levantou os precipícios dourados da vida moderna, onde algumas inteligências se tresmalharam na loucura ou no crime, comprando inércia e arrependimento a peso de ouro, contudo é preciso lembrar as fábricas e instituições beneméritas que ele garante, ofertando salário digno a milhões de pessoas.

É possível acredites seja ele o responsável por alguns homens e mulheres de bolsa opulenta, que espantam o próprio tédio, de país em país, à feição de doentes ilustres, exibindo extravagâncias na imprensa internacional, entretanto é forçoso reconhecer os milhões de cientistas e professores, industriais e obreiros do progresso que a riqueza nobremente administrada sustenta em todas as direções.

A Divina Providência suscita amor ao coração do homem e o homem substancializa a caridade, metamorfoseando o dinheiro em pão que extingue a fome.

A Eterna Sabedoria inspira educação ao cérebro do homem e o homem ergue a escola, transfigurando o dinheiro em clarão espiritual que varre as trevas.

*

Não censures a moeda que será sempre alimento da evolução.

Reflete nos benefícios que ela pode trazer.

Ainda assim, para que lhe apreendas todo o valor, se queres fazer o bem, não exijas, para isso, o dinheiro que permanece na contabilidade moral dos outros. Mobiliza os recursos que a Infinita Bondade te situa retamente nas mãos e, ainda hoje, nalgum recanto de viela perdida, ao ofertares um caldo reconfortante às mães infortunadas que o mundo esqueceu, perceberás que o dinheiro, convertido em cântico fraterno, te fará ouvir a palavra de luz da própria gratidão, em prece jubilosa.

"Deus te ampare e abençoe".

CAPÍTULO 47

AMIGO E SERVO

> *"Ninguém pode servir a dois senhores [...]"*
> – Jesus. (*Mateus*, 6:24.)
>
> *"Difunde, em torno de ti, com os socorros materiais, o amor de Deus, o amor do trabalho, o amor do próximo. Coloca tuas riquezas sobre uma base que nunca lhes faltará e que te trará grandes lucros: o das boas obras."* (Cap. 16, 11.)

Consulta o dinheiro que encostaste por disponível e analisa-lhe a história por um instante!

É provável tenha passado pelos suplícios ocultos de um homem doente, que se empenhou a gastá-lo em medidas que não lhe aplacaram os sofrimentos; terá rolado em telheiros, onde mães desvalidas lhe disputaram a posse, nos encargos de servidão; na rua, foi visto por crianças menos felizes que o desejaram, em vão, pensando no estômago dolorido; e conquistado, talvez, por magro lavrador nas fadigas do campo, visitou-lhe, apressadamente, a casa sem resolver-lhe os problemas...

Entretanto, não teve o longo itinerário somente nisso.

Certamente, foi compelido a escorar o ócio de pessoas inexperientes que desertaram da atividade, descendo aos sorvedouros da obsessão; custeou o artifício que impeliu alguém para a voragem de terríveis enganos; gratificou os entorpecentes que aniquilam existências preciosas; e remunerou o álcool que anestesia consciências respeitáveis, internando-as no crime.

*

Que farias de um lidador prestimoso, que te batesse à porta, solicitando emprego digno? De um cooperador humilhado por alheios abusos, que te rogasse conselho, a fim de reajustar-se e servir?

O dinheiro de sobra, que nada tem a ver com as tuas necessidades reais, é esse colaborador que te procura, pedindo orientação.

Não lhe congeles as possibilidades no frio da avareza, nem lhe escondas as energias no labirinto do monopólio.

Acata-lhe a força e enobrece-lhe os movimentos, na esfera de obrigações que o mundo te assinalou.

Hoje mesmo, ele pode obter, com teu patrocínio, a autoridade moral do trabalho para o companheiro, impropriamente julgado inútil; o revigoramento do lar que a privação asfixia; o livro edificante que clareie as trilhas dos que se transviam sem apoio espiritual; o alento aos enfermos desprotegidos; ou a tranquilidade para irmãos atenazados pelos aguilhões da penúria que, frequentemente, lhes impõem o desequilíbrio ou a morte, antes mesmo de serem amparados no giro da mendicância.

Dinheiro de sobra é o amigo e servo que a Divina Providência te envia para substituir-te a presença, onde as tuas mãos, muitas vezes, não conseguiu chegar.

Sim, é possível que, amanhã, outras criaturas venham a escravizá-lo sob intenções inferiores, mas ninguém apagará o clarão que acendeste com ele para a felicidade do próximo, porque, segundo as leis inderrogáveis que governam a vida, o bem que fizeste aos outros a ti mesmo fizeste.

CAPÍTULO 48

BÊNÇÃO DE DEUS

> *"Assim, toda a árvore boa produz bons frutos [...]."*
> – JESUS. (*Mateus*, 7:17.)
>
> *"Venho, meus irmãos, meus amigos, trazer-vos o meu óbolo, a fim de vos ajudar a avançar, desassombradamente, pela senda do aperfeiçoamento em que entrastes. Nós nos devemos uns aos outros; somente pela união sincera e fraternal entre os Espíritos e os encarnados será possível a regeneração."* (Cap. 16, 14.)

MUITAS VEZES, CRITICAMOS O DINHEIRO, MALSInando-lhe a existência, no entanto, é lícito observá-lo através da justiça.

O dinheiro não compra a harmonia, contudo, nas mãos da caridade, restaura o equilíbrio do pai de família, onerado em dívidas escabrosas.

Não compra o Sol, mas, nas mãos da caridade, obtém o cobertor, destinado a aquecer o corpo enregelado dos que tremem de frio.

Não compra a saúde, entretanto, nas mãos da caridade, assegura proteção ao enfermo desamparado.

Não compra a visão, todavia, nas mãos da caridade, oferece óculos aos olhos deficientes do trabalhador de parcos recursos.

Não compra a euforia, contudo, nas mãos da caridade, improvisa a refeição devida aos companheiros que enlanguescem de fome.

Não compra a luz espiritual, mas, nas mãos da caridade, propaga a página edificante que reajusta o pensamento a tresmalhar-se nas sombras.

Não compra a fé, entretanto, nas mãos da caridade, ergue a esperança, junto de corações tombados em sofrimento e penúria.

Não compra a alegria, no entanto, nas mãos da caridade, garante a consolação para aqueles que choram, suspirando por migalha de reconforto.

Dinheiro em si e por si é moeda seca ou papel insensível que, nas garras da sovinice ou da crueldade, é capaz de criar o infortúnio ou acobertar o vício. Mas o dinheiro do trabalho e da honestidade, da paz e da beneficência, que pode ser creditado no banco da consciência tranquila, toda vez que surja unido ao serviço e à caridade, será sempre bênção de Deus, fazendo prodígios.

CAPÍTULO 49

DINHEIRO E SERVIÇO

> *"[...] Não é a vida mais do que o mantimento, e o corpo mais do que o vestido?"* – JESUS. (*Mateus, 6:25.*)
>
> *"Não vos julgueis com o direito de dispor em vosso exclusivo proveito daquilo que recebestes, não por doação, mas simplesmente como empréstimo. Se não sabeis restituir, não tendes o direito de pedir, e lembrai-vos de que aquele que dá aos pobres salda a dívida que contraiu para com Deus."* (Cap. 16, 14.)

NÃO DIGAS QUE O DINHEIRO É A CAUSA DOS MALES que atormentam a Terra.

Se contemplas o firmamento, aceitando a Sabedoria Infinita que plasmou a grandeza cósmica e se te inclinas para a flor do valado, crendo que a Infinita Bondade no-la ofertou, não ignoras que a Providência Divina criou também o dinheiro de que dispões.

Basta ligeiro olhar no campo do mundo para que entendas a moeda por seiva da atividade, sustentando reconforto e educação, segurança e beneficência.

O pão extingue a fome.

O dinheiro ajuda a produzi-lo.

O livro espanca as trevas de espírito.

O dinheiro protege-lhe a expansão.

A veste agasalha o corpo.

O dinheiro auxilia a entretecê-la.

A casa abriga.

O dinheiro apoia-lhe a construção.

O remédio socorre.

O dinheiro incentiva-lhe o preparo.

A caridade suprime a penúria.

O dinheiro assegura-lhe as manifestações.

Dinheiro na estrutura social é comparável ao sangue no mundo orgânico: circulando garante a vida e, parando, acelera a morte.

Valores amoedados, sejam em metal ou papel, são sementes de realização e alegria; e observe-se que ninguém está impedido de multiplicá-las nas próprias mãos, através do trabalho honesto.

É por isso que a Doutrina Espírita nos ensina a encontrar no dinheiro um agente valioso e neutro a pedir-nos emprego e direção.

Dá-lhe passagem para o reino do bem, agindo e servindo-te dele, a benefício de quantos te partilham a caminhada e estarás em conjunção incessante com o Suprimento Divino que te abençoará a prosperidade e te resguardará a presença na Terra, por fonte viva do Eterno Bem.

CAPÍTULO 50
CONCEITO DO BEM

> *"Sede vós, pois, perfeitos, como é perfeito o vosso Pai que está nos céus."* – JESUS. (*Mateus*, 5:48.)
>
> *"O verdadeiro homem de bem é o que cumpre a Lei de Justiça, de Amor e de Caridade, na sua maior pureza."* (Cap. 17, 3.)

TODA VEZ QUE OUÇAS ALGUÉM REFERINDO-SE AO bem ou ao mal de alguém, procura discernir.

*

Conheces o amigo que escalou a eminência econômica.

À vista da facilidade com que maneja a moeda, há quem o veja muito bem situado, nas vantagens materiais, no entanto, via de regra, se lhe radiografasses os sentimentos, nele encontrarias um escravo da inquietação, detido em cadeias de ouro.

Assinalas o homem que alcançou a respeitabilidade política.

Tão logo surge no vértice da administração, há quem o veja muito bem colocado nos interesses do mundo, mas, frequentemente, se lhe fotografasses as telas do espírito, nele surpreenderias um mártir de cerimoniais e banquetes, constrangido entre as necessidades do povo e as exigências da lei.

Admiras o companheiro que venceu as próprias inibições elevando-se à direção do trabalho comum.

À face da significativa remuneração que percebe, há quem o veja muito bem posto na esfera social, contudo, na maioria das vezes, se lhe observasses as mais íntimas reações, nele acharias um prisioneiro de sufocantes obrigações, sem tempo para comer o pão que assegura aos dirigidos de condição mais singela.

Elogias o cientista que fornece ideias de renovação e conforto.

Ao fitá-lo sob os lauréis da popularidade, há quem o veja muito bem classificado na galeria da fama, no entanto, quase sempre, se lhe tateasses a alma por dentro, nele surpreenderias um atormentado servidor do progresso clamando ansiosamente por simplicidade e repouso.

*

Reajustemos, assim, o conceito do bem, diante da vida.

Em muitas circunstâncias, o dinheiro suprime aflições, a autoridade resolve problemas, a influência apara dificuldades e a cultura clareia o caminho...

Por isso mesmo, toda pessoa que obtém qualquer parcela mais expressiva de responsabilidade e destaque, mostra-se realmente muito bem para combater o mal e liquidá-lo; entretanto, caso venha a utilizar-se dos bens com que a vida lhe enriquece as mãos apenas para cuidar do bem de si mesma, sem qualquer preocupação na garantia do bem devido aos outros, seja onde seja, semelhante criatura estará simplesmente bem mal.

CAPÍTULO 51

NA CONSTRUÇÃO DA VIRTUDE

> *"Bem-aventurados os que sofrem perseguição por amor à justiça, porque deles é o reino dos céus."*
> – JESUS. (*Mateus*, 5:10.)
>
> *"A virtude, no mais alto grau, é o conjunto de todas as qualidades essenciais que constituem o homem de bem. Ser bom, caritativo, laborioso, sóbrio, modesto, são qualidades do homem virtuoso."* (Cap. 17, 8.)

TOLERAS DESCABIDAS INJÚRIAS E CALAS A JUSTIFIcação que te pende da boca, esperando, a preço de lágrimas, que o tempo te mostre a isenção de culpa, no entanto, com isso, promoves o reconhecimento e a renovação dos teus próprios perseguidores.

Podes apropriar-te da felicidade alheia, através de pleno domínio no lar de outrem, à custa do infortúnio de alguém, e, embora padecendo agoniada fome de afeto, ensinas a prática do dever a quem te pede convivência e carinho, todavia, com semelhante procedimento, acendes na própria alma a chama do amor puro com que, um dia, aquecerás os entes queridos, nos planos da vida eterna.

Tens razão de sobejo para falar a reprimenda esmagadora aos irmãos caídos em erro, pela ascendência moral que já conquistaste, e pronuncias a frase de estímulo e indulgência, muitas vezes sob a crítica dos que te não compreendem os gestos, mas consegues, assim, reerguer o ânimo dos companheiros desanimados, recuperando-lhes as energias para o levantamento das boas obras.

Guardas o direito de repousar, pelo merecimento obtido em longas tarefas nobremente cumpridas, e prossegues em atividade laboriosa, no progresso e na paz de todos, quase sempre com o desgaste acelerado das próprias forças, entretanto, nesse abençoado serviço extra, lanças o seguro alicerce dos apostolados santificantes que te clarearão o grande futuro.

*

Sob o assalto da calúnia, ora em favor dos que te ferem.

Quando vantagens humanas te sorriam com prejuízo dos outros, prefere o sacrifício das mais belas aspirações.

Com autoridade suficiente para a censura, semeia a benevolência onde estiveres.

Retendo a possibilidade do descanso, abraça o maior esforço e trabalha sempre.

Quem suporta serenamente o mal que atraiu para si mesmo, trilha a estrada bendita da resignação, contudo, quem pratica o bem quando pode fazer o mal vive por antecipação no iluminado país da virtude.

CAPÍTULO 52

AUXILIAR

> *"[...] Eis que o semeador saiu a semear." –* Jesus. (*Mateus,* 13:3.)
>
> *"A perfeição está toda, como disse o Cristo, na prática da caridade absoluta; os deveres da caridade alcançam todas as posições sociais, desde o menor até o maior."* (Cap. 17, 10.)

Auxiliar, amparar, consolar, instruir!...

Para isso, não aguardes o favor das circunstâncias.

Jesus foi claro no ensinamento.

O semeador da parábola não esperou chamado algum.

Largou simplesmente as conveniências de si mesmo e saiu para ajudar.

O Mestre não se reporta a leiras adubadas ou a talhões escolhidos. Não menciona temperaturas ou climas. Não diz se o cultivador era proprietário ou rendeiro, se moço no impulso ou amadurecido na experiência, se detinha saúde ou se carregava o ônus da enfermidade.

Destaca somente que ele partiu a semear.

Por outro lado, Jesus não informa se o homem do campo recebeu qualquer recomendação acerca de pântanos ou desertos, pedreiras ou espinheirais que devesse evitar. Esclarece que o tarefeiro plantou sempre e que a penúria ou o insucesso do serviço foi problema do solo beneficiado e não dos braços que se propunham a enriquecê-lo.

Saibamos, assim, esquecer-nos para servir.

Não importa venhamos a esbarrar com respostas deficientes da gleba do espírito, às vezes desfigurada ou prejudicada pela urze da incompreensão ou pelo cascalho da ignorância. Ideia e trabalho, tempo e conhecimento, influência e dinheiro são possibilidades valiosas em nossas mãos. Todos podemos espalhá-las por sementes de amor e luz.

O essencial, porém, será desfazer o apego excessivo às nossas comodidades, aprendendo a sair.

CAPÍTULO 53

BÊNÇÃO MAIOR

> *"Mas, bem-aventurados os vossos olhos, porque veem, e os vossos ouvidos, porque ouvem."*
> – JESUS. (*Mateus*, 13:16.)

> *"Amai, pois, a vossa alma, porém, cuidai igualmente do vosso corpo, instrumento daquela. Desatender as necessidades que a própria Natureza indica, é desatender a Lei de Deus. Não castigueis o corpo pelas faltas que o vosso livre-arbítrio o induziu a cometer e pelas quais ele é tão responsável quanto o cavalo mal dirigido, pelos acidentes que causa."* (Cap. 17, 11.)

TEU CORPO – TUA BÊNÇÃO MAIOR.

Auxilia-o com diligência para que ele te auxilie com segurança.

Educa-o para que te apoie a educação necessária.

Cabine de comando – consegues manejá-lo, expedindo ordens e sugestões que remodelam o pedaço de globo em que respiras.

Escopro – burilas com ele a matéria densamente concentrada, a fim de convertê-la em amparo e alegria.

Pena – utilizas-te dele para grafar as concepções que te fulguram no cérebro, assimilando a inspiração das Esferas Superiores.

Lira – podes tanger-lhe as cordas do sentimento e compor a melodia verbal que se faça jubilosa renovação naqueles que te escutem.

Santuário – fazes dele o templo da emoção, haurindo forças para sonhar e construir ou formar o jardim da família, em que situas os filhos do coração.

*

Teu corpo – tua bênção maior.

Há quem o acuse pelo golpe da criminalidade ou pela demência do vício, como se o carro obediente devesse pagar pela embriaguez ou pelos disparates do condutor. E existem ainda aqueles que o declaram culpado pelos assaltos da calúnia e pelas calamidades da cólera, qual se o telefone fosse responsável pela malícia e pelos desequilíbrios dos que lhe menosprezam e injuriam a utilidade.

Considera que o corpo te retrata a inteligência em desenvolvimento no planeta, inteligência que, no seio da Terra, é semelhante ao filho em promissora menoridade no colo maternal.

Para que lhe percebas a grandeza, na posição de instrumento vivo de teu progresso e elevação, basta observes nele a tua própria condição de estrela nascitura, mas ainda cativa, com duas pontas na forma de pés, transitoriamente aprisionadas ao chão do mundo, duas hastes preciosas no feitio de braços para o trabalho e uma antena em que a luz do pensamento chameja, vitoriosa, na estrutura da fronte, magnificamente erguida à majestade dos Céus.

CAPÍTULO 54

ENGENHO DIVINO

> *"A candeia do corpo são os olhos; de sorte que, se os teus olhos forem bons, todo o teu corpo terá luz."* – JESUS. (*Mateus*, 6:22.)
>
> *"Sereis, porventura, mais perfeitos se, martirizando o vosso corpo, não vos tornardes menos egoístas, nem menos orgulhosos e mais caritativos para com o vosso próximo? Não, a perfeição não está nisso: está toda nas reformas por que fizerdes passar o vosso Espírito."*
> (Cap. 17, 11.)

GUARDAS A IMPRESSÃO DE QUE RESIDES, DE MODO exclusivo, na cidade ou no campo, e, na essência, moras no corpo.

*

As máquinas modernas asseguram facilidades enormes.

Valeriam muito pouco sem o concurso das mãos.

Palácios voadores alçam-te às alturas.

Na experiência cotidiana, equilibras-te nos pés.

Os grandes telescópios são maravilhas do mundo.

Não teriam qualquer significação sem os olhos.

A música é cântico do Universo.

Passaria ignorada sem os ouvidos.

*

Imperioso saibas que manejas o corpo, na condição de engenho divino que a vida te empresta, instrumento indispensável à tua permanência na estância terrestre.

Não te enganes com o esmero de superfície.

Que dizer do motorista que primasse por exibir um carro admirável na apresentação, sentando-se alcoolizado ao volante?

*

Estimas a higiene.

Sabes fugir do empanzinamento com quitutes desnecessários.

Justo igualmente expungir o lixo moral de qualquer manifestação que nos exteriorize a individualidade e evitar a congestão emocional pela carga excessiva de anseios inadequados.

A vida orgânica é baseada na célula e cada célula é um centro de energia. Todo arrastamento da alma a estados de cólera, ressentimento, desânimo ou irritação equivale a crises de cúpula, ocasionando desarranjo e desastre em forma de doença e desequilíbrio na comunidade celular.

Dirige teu corpo com serenidade e bom senso.

Compenetra-te de que, embora a Ciência consiga tratá-lo, reconstruí-lo, reanimá-lo, enobrecê-lo e até mesmo substituir-lhe determinados implementos, ninguém, na Terra, encontra corpo novo para comprar.

CAPÍTULO 55

NA FORJA DA VIDA

> *"Entrai pela porta estreita, porque larga é a porta da perdição e espaçoso o caminho que a ela conduz, e muitos são os que entram por ela."*
> – JESUS. (*Mateus*, 7:13.)
>
> *"Larga é a porta da perdição porque são numerosas as paixões más e porque o maior número envereda pelo caminho do mal."*
> (Cap. 18, 5.)

TRAZES CONTIGO A FLAMA DO IDEAL SUPERIOR E anelas concretizar os grandes sonhos de que te nutres, mas, diante da realidade terrestre, costumas dizer que a dificuldade é invencível.

Afirmas haver encontrado incompreensões e revezes, entraves e dissabores, por toda parte, no entanto...

O pão que consomes é o resumo de numerosas obrigações que começaram no cultivo do solo; a vestimenta que te agasalha é o remate de longas tarefas iniciadas de longe com o preparo do fio; o lar que te acolhe foi argamassado com o suor dos que se uniram ao levantá-lo; a escola que te revela a cultura guarda a renunciação de quantos se consagram ao ministério do ensino; o livro que te instrui custou a vigília dos que sofreram para fixar, em caracteres humanos, o clarão das ideias nobres; a oficina que te assegura a subsistência encerra o concurso dos seareiros do bem, a favor do progresso; o remédio que te alivia é o produto das atividades conjugadas de muita gente.

Animais que te auxiliam, fontes que te refrigeram, vegetais que te abençoam e objetos que te atendem, submetem-se a constantes adaptações e readaptações para que te possam servir.

Se aspiras, desse modo, à realização do teu alto destino, não desdenhes lutar, a fim de obtê-lo.

Na forja da vida, nada se faz sem trabalho e nada se consegue de bom sem apoio no próprio sacrifício.

Se queres, na sombra do vale, exaltar o tope do monte, basta contemplar-lhe a grandeza, mas se te dispões a comungar-lhe o fulgor solar na beleza do cimo, será preciso usar a cabeça que carregas nos ombros, sentir com a própria alma, mover os pés em que te susténs e agir com as próprias mãos.

CAPÍTULO 56

CADA SERVIDOR EM SUA TAREFA

> *"Todo aquele, pois, que escuta as minhas palavras e as pratica assemelhá-lo-ei ao homem prudente que edificou a sua casa sobre a rocha."* – JESUS. (*Mateus*, 7:24.)
>
> *"Todos os que reconhecem a missão de Jesus dizem: "Senhor! Senhor"! – De que serve, porém, lhe chamarem Mestre ou Senhor, se não lhe seguem os preceitos?"* (Cap. 18, 9.)

NO CAMPO DA VIDA, CADA INTELIGÊNCIA SE CARACteriza pelas atribuições que lhe são próprias.

Seja nos recintos da lei, nos laboratórios da Ciência, no tanque de limpeza ou à cabeceira de um doente, toda pessoa tem o lugar de revelar-se.

Não te afirmes, desse modo, inútil ou desprezível.

E, atendendo ao trabalho que o mundo te reservou, não te ausentes da ação, alegando que todos somos iguais e que, por isso mesmo, não adianta fatigar-se alguém por trazer a nota, em que se particulariza, à sinfonia do Universo.

Sim, todos somos iguais, na condição de criaturas de Deus, e todos nos identificaremos harmoniosamente uns com os outros, no dia da suprema integração com a Infinita Bondade, mas, entre a estaca de partida e o ponto de meta, cada um de nós permanece, em determinado grau evolutivo, com aquisições específicas por fazer, conquanto estejamos sob o critério imparcial das leis eternas, que funcionam em regime de absoluta igualdade para nós todos.

Em cada fase de realização do aprimoramento espiritual, como acontece, em cada setor de construção do progresso físico, preceituam os fundamentos divinos seja concedida a cada servidor a sua própria tarefa.

Isso é fácil de verificar nos planos mais simples da Natureza.

Num trato de solo, as expressões climáticas são as mesmas para todas as plantas, contudo, a sarça não oferece laranjas e nem o mamoeiro deita cravos.

Na moradia vulgar, o alicerce é uniforme na contextura, mas o teto não substitui a parede e nem a porta desempenha as funções do piso.

Na produção da luz elétrica, a força é idêntica nos condutos diversos, no entanto, o transformador não serve de fio e nem a tomada efetua a obra da lâmpada.

No corpo humano, embora o sangue circule por seiva única de todas as províncias que o constituem, olhos e ouvidos, pés e mãos desenvolvem obrigações diferentes.

Certo, podes incentivar o serviço alheio, como é justo adubar-se a lavoura para que a lavoura produza com segurança, todavia, a obrigação, hoje, é intransferível para cada um, não obstante a possibilidade dessa mesma obrigação alterar-se amanhã.

Realiza, pois, tão bem quanto possível, a tarefa que te cabe e nunca te digas em tarefa excessivamente apagada.

Ainda mesmo para o mais exímio dos astronautas a viagem no firmamento principia de um passo no chão do mundo e o mais soberbo jequitibá da floresta começou na semente humilde.

CAPÍTULO 57

PARA E PENSA

> *"[...] E, a qualquer que muito for dado, muito se lhe pedirá [...]."* – JESUS. (*Lucas*, 12:48.)
>
> *"O primeiro cuidado de todo espírita sincero deve ser o de procurar saber se, nos conselhos que os Espíritos dão, alguma coisa não há que lhe diga respeito."* (Cap. 18, 12.)

SE A PERTURBAÇÃO, POR VENTANIA GRITANTE, RUGE à porta, não te entregues aos pensamentos desordenados que aflições e temores te sugiram à alma.

Para e pensa.

*

Escorregaste no erro e experimentas a inquietação decorrente da falta cometida, como se te imobilizasses na vertigem permanente da queda...

Aceitaste o alvitre de ilusões ardilosas e tomaste caminho inverso, reconhecendo-te na condição de alguém, cujo veículo dispara em declive ameaçador, no rumo do abismo...

Superestimaste as próprias forças e assumiste compromissos, acima da própria capacidade, lembrando um discípulo injustamente aguilhoado num teste de competência, para o qual se encontra ainda imaturo...

Viste companheiros queridos, internados em labirintos de sombra, assestando baterias contra a lógica, a te depreciarem o culto à sinceridade e trazes, por isso, o coração arpoado por doloroso desencanto...

Sofreste perdas consideráveis e guardas o espírito, à feição de barco à matroca...

Distorceste o raciocínio, sob o efeito de palavras loucas, desfechadas no ambiente em que vives e cambaleias, qual se tivesses o ânimo ferretoado por dardos de fogo e fel...

*

Recorda, porém, que pacificação e reajuste são recursos de retorno à tranquilidade e à estrada certa.

Entretanto, recuperação e paz em nós reclamam reconhecimento do dever a cumprir.

À vista disso, se desatinos dessa ou daquela procedência te visitam a alma, entra em ti mesmo e acende a luz da prece, reexaminando atitudes e reconsiderando problemas, entendendo que a renovação somente será verdadeira renovação para o bem, não à custa de compressões exteriores, mas se projetarmos ao tear da vida o fio do próprio pensamento, intimamente reajustado e emendado por nós.

CAPÍTULO 58

TER E MANTER

> *"Porque ao que tem, ser-lhe-á dado; e, ao que não tem, até o que tem lhe será tirado." –* JESUS. *(Marcos, 4:25.)*
>
> *"Não é Deus quem retira daquele que pouco receberá: é o próprio Espírito que, por pródigo e descuidado, não sabe conservar o que tem e aumentar, fecundando-o, o óbolo que lhe caiu no coração.*
> *Aquele que não cultiva o campo que o trabalho de seu pai lhe granjeou, e que lhe coube em herança, o vê cobrir-se de ervas parasitas. É seu pai quem lhe tira as colheitas que ele não quis preparar?"* (Cap. 18, 15.)

REFLITAMOS EM ALGUNS QUADROS DA VIDA:

a quem se consagra ao serviço, mantendo o trabalho, mais progresso;

a quem auxilia o próximo, mantendo a fraternidade, mais recursos;

a quem respeita o esforço alheio, mantendo a colaboração em louvor do bem, mais estima;

a quem estuda, mantendo a instrução geral, mais cultura;

a quem cultiva compreensão, mantendo a concórdia, mais clareza;

a quem confunde os outros, mantendo a obscuridade, mais sombra;

a quem se queixa, mantendo o azedume, mais desânimo;

a quem se irrita, mantendo a agressividade, mais desespero;

a quem cria dificuldades, no caminho dos semelhantes, mantendo obstáculos, mais problemas.

Na mesma diretriz, quem se empenha a compromissos, mantendo dívidas novas, mais deveres e a quem solve obrigações, mantendo novos créditos, mais direitos.

Nós todos – os Espíritos em evolução – temos algo a planear e realizar, suprimir e aperfeiçoar no mundo de nós mesmos.

A Doutrina Espírita, desenvolvendo o ensinamento do Cristo, demonstra que, em toda parte, nas realidades do espírito, daquilo que habitualmente mantemos teremos sempre mais.

CAPÍTULO 59

NA EXALTAÇÃO DO TRABALHO

> "[...] O reino de Deus é assim como se um homem lançasse semente à terra [...]"
> – Jesus. (*Marcos*, 4:26.)
>
> "Ânimo, trabalhadores! Tomai dos vossos arados e das vossas charruas; lavrai os vossos corações; arrancai deles a cizânia; semeai a boa semente que o Senhor vos confia e o orvalho do amor lhe fará produzir frutos de caridade."
> (Cap. 18, 15.)

Para considerar a importância do trabalho, relacionemos particularmente algumas das calamidades da inércia, no plano da Natureza.

*

A casa longamente desabitada afasta-se da missão de albergar os que vagueiam sem teto e, em seguida, passa à condição de reduto dos animais inferiores que a mobilizam por residência.

O campo largado em abandono furta-se ao cultivo dos elementos nobres, necessários à inteligência na Terra e transforma-se, gradativamente, em deleitoso refúgio da tiririca.

O poço de águas trancadas foge de aliviar a sede das criaturas, convertendo-se para logo em piscina de vermes.

O arado ocioso esquece a alegria de produzir e, com o decurso do tempo, incorpora em si mesmo a ferrugem que o desgasta.

A roupa que ninguém usa distancia-se da tarefa de abrigar quem tirita ao relento e faz-se, pouco a pouco, a moradia da traça que a destrói.

O alimento indefinidamente guardado sem proveito deixa a função que lhe cabe no socorro aos estômagos desnutridos e acaba alentando os agentes da decomposição em que se corrompe.

*

Onde estiveres, lembra-te de que a vida é caminhada, atividade, progresso, movimento e incessante renovação para o Bem Eterno.

Trabalho é o infatigável descobridor.

Transpõe dificuldades, desiste da irritação, olvida mágoas, entesoura os recursos da experiência e prossegue adiante.

Quem persevera na preguiça, não somente deserta do serviço que lhe compete fazer, mas abre também as portas da própria alma à sombra da obsessão em que fatalmente se arruinará.

CAPÍTULO 60

TAIS QUAIS SOMOS

> *"Nem todo o que me diz: Senhor! Senhor! Entrará no Reino dos Céus, mas aquele que faz a vontade de meu Pai, que está nos Céus." –* Jesus. *(Mateus, 7:21.)*

> *"Será bastante trazer a libré do Senhor, para ser-se fiel servidor seu? Bastará dizer: "Sou cristão", para que alguém seja um seguidor de Cristo? Procurai os verdadeiros cristãos e as reconhecereis pelas suas obras."* (Cap. 18, 16.)

Declaras-te no sadio propósito de buscar evolução e aprimoramento, luz e alegria, entretanto, em várias ocasiões, estacas, recusando a estação de experiência e resgate em que ainda te vês.

Deitas aflitivo olhar para fora e, frequentemente, cobiças, sem perceber, as condições de amigos determinados, perdendo valioso tempo em descabidas lamentações.

*

"Se eu contasse com mais saúde..." – alegas em tom amargo.

Em corpos enfermos, todavia, há Espíritos que entesouram paciência e coragem, fortaleza e bom ânimo, levantando o padrão moral de comunidades inteiras.

"Se eu conseguisse um diploma distinto..." – afirmas com menosprezo a ti próprio.

Não te é lícito desconhecer, porém, que o dever retamente cumprido é certificado dos mais nobres, descerrando-te caminho às conquistas superiores.

"Se eu tivesse dinheiro..." – reclamas, triste.

Mas esqueces-te de que é possível socorrer o doente e abençoar o próximo, sem acessórios amoedados.

"Se eu possuísse mais cultura..." – asseveras, mostrando verbo desapontado.

E não te aplicas ao esmero de lembrar que nunca existiram sábios e autoridades, sem começos laboriosos e sem ásperas disciplinas.

"Se eu alcançasse companheiros melhores..." – dizes, subestimando o próprio valor.

Entretanto, o esposo transviado e a esposa difícil, os filhos-problemas e os parentes complicados, os colaboradores incipientes e os amigos incompletos são motivos preciosos do teu apostolado individual, na abnegação e no entendimento, para que te eleves de nível, ante a Vida Maior.

*

Errados ou inibidos, deficientes ou ignorantes, rebeldes ou faltosos, é necessário aceitar a nós mesmos, tais quais somos, sem acalentar ilusões a nosso respeito, mas conscientes de que a nossa recuperação, melhoria, educação e utilidade no bem dos semelhantes, na sustentação do bem de nós mesmos, podem principiar, desde hoje, se nós quisermos, porquanto é da Lei que a nossa vontade, intimamente livre, disponha de ensejos para renovar o destino, todos os dias.

Ensinou-nos Jesus que o Reino de Deus está dentro de nós.

Fujamos, pois, de invejar os instrumentos de trabalho e progresso que brilham na responsabilidade dos outros. Para superar as dificuldades e empeços de nossos próprios limites, basta abrir o coração ao amor e aproveitar os recursos que nos enriquecem as mãos.

CAPÍTULO 61

COM O AUXÍLIO DE DEUS

> *"[...] em verdade vos digo que, se tiverdes fé como um grão de mostarda, direis a este monte: Transporta-te daí para ali, e ele se transportaria; e nada vos seria impossível."* – JESUS. (*Mateus*, 17:20.)
>
> *"A fé sincera e verdadeira é sempre calma; faculta a paciência que sabe esperar, porque, tendo seu ponto de apoio na inteligência e na compreensão das coisas, tem a certeza de chegar ao objetivo visado."* (Cap. 19, 3.)

HÁ QUEM DIGA QUE A DISCÓRDIA E A IGNORÂNCIA, A penúria e a carência são chagas crônicas, no corpo da Humanidade, apelando simplesmente para o auxílio de Deus, qual se Deus estivesse escravizado aos nossos caprichos, com a obrigação de resolver-nos os problemas, a golpe de mágica.

Indubitavelmente, nada de bom se efetua sem o auxílio de Deus, no entanto, vale destacar que o Infinito Amor age na Terra, nas questões propriamente humanas, pela capacidade do homem, atendendo à vontade do próprio homem.

As criaturas terrestres, através de milênios, vêm realizando as mais belas empresas da evolução, com o Amparo Divino.

Viviam segregadas no primitivismo dos continentes...

Quando se decidiram a conhecer o que havia para além dos mares enormes, com o auxílio de Deus, construíram as naves que as sustentam sobre as ondas.

Venciam penosamente as longas distâncias...

Quando se dispuseram a buscar mais largas dotações de movimento, com o auxílio de Deus, fabricaram veículos a motor, que deslizam no solo ou planam no espaço.

Jaziam submetidas às manufaturas, que lhes mantinham todas as faculdades na sombra da insipiência.

Quando resolveram conquistar o tempo preciso para o cultivo mais amplo da inteligência, com o auxílio de Deus, estruturaram as máquinas que lhes descansam a mente e as mãos, por toda parte, desde o cérebro eletrônico à enceradeira.

Padeciam visão limitada...

Quando diligenciaram obter novos meios de análise, com o auxílio de Deus, passaram a deter lentes e raios que lhes facultam observações minuciosas, tanto nos astros, quanto nas peças mais ínfimas do mundo orgânico.

Experimentavam manifesta insuficiência de comunhão espiritual...

Quando se afadigaram por estabelecer contato entre si, com o auxílio de Deus, atingiram as comunicações sem fio, que lhes permitem o mútuo entendimento, de um lado a outro da Terra, em fração de segundos.

Tudo isso conseguiram aprendendo, trabalhando, sofrendo e aperfeiçoando... E, para desfrutarem semelhantes benefícios, pagam naturalmente a aquisição de passagens e utensílios, engenhos e serviços.

*

Assim também, os males que atormentam a vida humana podem ser extirpados da Terra, se procurarmos construir o bem, à custa do próprio esforço, com o auxílio de Deus.

Tesouros de tempo, orientação, entendimento e recursos outros não nos faltam.

Urge, porém, reconhecer que somos responsáveis pelas próprias obras.

Desse modo, com o auxílio de Deus, será possível transformar o mundo em radioso paraíso, a começar de nós mesmos, no entanto, isso apenas acontecerá se nós quisermos.

CAPÍTULO 62
AUXÍLIO E NÓS

> *"[...] pedi, e recebereis [...]."* – JESUS. (*João*, 16:24.)
> *"Cumpre não confundir a fé com a presunção. A verdadeira fé se conjuga à humildade; aquele que a possui deposita mais confiança em Deus do que em si próprio, por saber que, simples instrumento da vontade divina, nada pode sem Deus."* (Cap. 19, 4.)

SONHAMOS FELICIDADE E QUEREMOS AUXÍLIO.

A Sabedoria do Universo, porém, colocou a vontade em nosso foro íntimo, à guisa de juiz supremo, a fim de que a vontade, em última instância, decida todas as questões que se nos referem à construção do destino.

Anelamos tranquilidade, alentamos nobres aspirações, aguardamos a concretização dos próprios desejos, traçamos votos de melhoria... E, a cada passo, surpreendemos o concurso indireto das circunstâncias a nos estenderem, de mil modos, o apoio certo da Providência Divina.

A assimilação, porém, de qualquer auxílio surge condicionada às nossas resoluções.

Escolas preparam.

Afeições protegem.

Simpatias defendem.

Favores escoram.

Conselhos avisam.

Dores advertem.

Dificuldades ensinam.

Obstáculos adestram.

Experiências educam.

Desencantos renovam.

Provações purificam.

A máquina da Eterna Beneficência funciona matematicamente, em nosso favor, através dos múltiplos instrumentos da vida, entretanto, as Leis Eternas não esperam colher autômato em consciência alguma. À face disso, embora consideremos com o Evangelho que toda boa dádiva procede originariamente de Deus, transformar para o bem ou para o mal o amparo incessante que nos é concedido dependerá sempre de nós.

CAPÍTULO 63

ANTE OS INCRÉDULOS

> *"E conhecereis a verdade, e a verdade vos fará livres."* – JESUS. (*João*, 8:32.)
>
> *"A resistência do incrédulo, devemos convir, muitas vezes provém menos dele do que da maneira por que lhe apresentam as coisas. A fé necessita de uma base, base que é a inteligência perfeita daquilo em que se deve crer. E, para crer, não basta ver, é preciso, sobretudo, compreender."* (Cap. 19, 7.)

COMPADEÇAMO-NOS DOS INCRÉDULOS QUE SE ARREMETEM contra as verdades do espírito, intentando penetrá-las à força.

Semelhantes necessitados chegam de todas as procedências... De paisagens calcinadas pelo fogo do sofrimento, de caminhos que a provação encharca de pranto, de furnas da aflição em que jaziam acorrentados ao desespero. Outros existem que nos atingem as portas, conturbados pelo clima de irreflexão a que se afaziam, ou trazendo sarcasmos no pensamento imaturo, quais crianças bulhentas em recintos graves da escola.

Muitas vezes, nas trilhas da atividade cotidiana, somos tentados a categorizá-los por viajores de indesejável convívio, entretanto, os que surgem dementados pela dor e aqueles outros que se acomodam com a leviandade pela força da própria inexperiência, não serão igualmente nossos irmãos, diante de Deus? Certo que não nos é lícito entregar-lhes, em vão, energia e tempo, quando se mostrem distantes da sinceridade que devemos uns aos outros, mas se anelam realmente aprendizado e renovação, saibamos auxiliá-los a compreender que pesquisa e curiosidade somente valem se acompanhadas de estudo sério e trabalho digno.

Estendamos aos companheiros, que o ateísmo enrijece, algo de nossas convicções que os ajude a refletir na própria imortalidade. Diligenciemos partilhar com eles o alimento da fé, na mesma espontaneidade de quem divide os recursos da mesa.

Todavia – perguntarás –, e se recusam, obstinados e irônicos, os bens que lhes ofertamos? e se nos apagam, a golpes de violência, as lanternas de amor que lhes acendamos na estrada?

Se indagações assim podem ser formuladas por nossa consciência tranquila, após o desempenho do nosso dever de fraternidade, será preciso consultar a lógica e a lógica nos dirá que eles são cegos de espírito que nos cabe amparar, em silêncio, na clínica da oração.

CAPÍTULO 64

MÉDIUNS DE TODA PARTE

> "Assim como tu me enviaste ao mundo, também eu os enviei ao mundo." – JESUS. (*João*, 17:18.)
>
> "*A figueira que secou é o símbolo dos que apenas aparentam propensão para o bem, mas que, em realidade, nada de bom produzem [...]*"
> (Cap. 19, 9.)

"OS MÉDIUNS SÃO INTÉRPRETES DOS ESPÍRITOS. Representam para eles os órgãos materiais que lhes transmitem as instruções.

Daí serem dotados de faculdades para esse efeito.

Nos tempos modernos de renovação social, cabe-lhes missão especialíssima: são árvores destinadas a fornecer alimento espiritual a seus irmãos.

Multiplicam-se em número para que haja alimento farto.

Existem, por toda parte, entre os ricos e os pobres, entre os grandes e os pequenos, a fim de que, em nenhum ponto faltem, para que todos os homens se reconheçam chamados à verdade.

Se, porém, desviam do objetivo providencial a preciosa faculdade que lhes foi concedida; se a empregam em coisas fúteis ou prejudiciais; se a colocam em serviço dos interesses mundanos; se, ao invés de frutos sazonados dão maus frutos; se se recusam a utilizá-la em benefício dos outros; ou se nenhum proveito tiram dela, no sentido de se aperfeiçoarem, são comparáveis à figueira estéril."

*

Estas considerações tão ricas de oportunidade, à frente da extensão constante das tarefas espíritas na atualidade, não são nossas. São conceitos textuais de Allan Kardec, no item 10, do capítulo 19, de *O evangelho, segundo o espiritismo,* escritos há quase um século.

Os médiuns são legiões.

Funcionam aos milhares, em todos os pontos do globo terrestre. Seja na administração ou na colaboração, na beneficência ou no estudo, na tribuna ou na pena, no consolo ou na cura, no trabalho informativo ou na operação de fenômenos, todos são convocados a servir com sinceridade e desinteresse, na construção do bem, com base no burilamento de si próprios.

Acima de todos, representando a escola sábia e imaculada, que não pode responsabilizar-se pelos erros ou defecções dos alunos, brilha a Doutrina Espírita, na condição de Evangelho Redivivo, traçando orientação clara e segura. Fácil concluir, desse modo, que situar a mediunidade na formação do bem de todos ou gastar-lhe os talentos em movimentações infelizes é escolha de cada um.

CAPÍTULO 65

MÁXIMO E MÍNIMO

> "O homem bom, do bom tesouro do seu coração tira o bem [...]." – JESUS. (*Lucas*, 6:45.)
>
> "Para ser proveitosa, a fé tem que ser ativa; não deve entorpecer-se. Mãe de todas as virtudes que conduzem a Deus, cumpre-lhe velar atentamente pelo desenvolvimento dos filhos que gerou."
> (Cap. 19, 11.)

SE ACEITAMOS JESUS POR MESTRE, URGE RECORDAR que ele está entre nós e os outros, conquanto sempre mais intimamente unido àqueles que se aproximam famintos, cansados, desorientados, cambaleantes.

*

Muitas vezes, tomas a refeição, provando acepipes diversos e largando à toa pratos cheios que endereças, inconscientemente, ao cano de esgoto.

Há, porém, milhares de criaturas que se regozijariam com diminuta porção das sobras que te despencam da mesa.

*

Recolhes a veste comum, verificando ornatos ou combinando cores que te dignifiquem a presença, relegando peças e peças a descanso inútil no armário.

Existem, contudo, milhares de infortunados, suspirando pela roupa batida que afastaste de uso.

*

Via de regra, guardas no cofre, sem qualquer serventia, o dinheiro de que não sentes necessidade, após a compra desse ou daquele objeto, atendendo a passageiro capricho.

Todavia, repontam da estrada milhares de irmãos em dolorosa penúria, para quem migalhas de teus recursos seriam clarões de felicidade.

*

Não raro, consultas livros e publicações às dezenas, por simples desfastio, sem o menor pensamento de gratidão por aqueles que consumiram fosfato e tempo, para que te não faltem esclarecimento e cultura.

Entretanto, nas trilhas que perlustras, há milhares de irmãos, ansiando aprender, aos olhos dos quais os textos mais elevados não passam de garatujas e enigmas.

*

Razoável possuas casa própria a teu gosto, contudo, que auxilies a extinguir no mundo a nódoa do desabrigo.

Justo detenhas o carro particular que te garanta eficiência e conforto, no entanto, que ajudes a abolir a provação da nudez, no trato de terra onde respires.

Compreensível acumules as mais altas reservas de inteligência, todavia, ninguém esteja privado de buscar o alfabeto.

Mereces o máximo de segurança e alegria, mas não deixes os outros sem o mínimo de apoio à necessária sustentação.

Se trazes o nome de Jesus na confissão da própria fé, carregas no coração a luz do Cristianismo e Cristianismo, na essência, quer dizer Jesus e os outros junto de nós.

CAPÍTULO 66
O ESPÍRITA

> *"Assim, os últimos serão primeiros, e os primeiros serão últimos; porque muitos são chamados, mas poucos escolhidos."* – JESUS. (*Mateus*, 20:16.)
>
> *"Bons espíritas, meus bem-amados, sois todos obreiros da última hora."* (Cap. 20, 2.)

O ESPÍRITA, NA PRÁTICA DA DOUTRINA ESPÍRITA, faz-se realmente conhecido, através de características essenciais.

Rende constante preito de amor a Deus, começando na consciência.

Considera a Humanidade por sua própria família.

Respeita no corpo de carne um santuário vivo que lhe cabe sublimar.

Abraça o trabalho construtivo, seja qual seja a posição em que se encontre.

Abstém-se formalmente do profissionalismo religioso.

Sabe-se um Espírito em evolução e, por isso, não exige nos outros qualidades perfeitas que ainda não possui.

Aceita sem revolta dificuldades e provações por não desconhecer que os princípios da reencarnação situam cada pessoa no lugar que traçou a si mesma, ante os resultados das próprias obras.

Empenha-se no aprimoramento individual, na certeza de que tudo melhora em torno, à medida que busca melhorar-se.

Estima no dever irrepreensivelmente cumprido, seja no lar ou na profissão, na vida particular ou na atividade pública o alicerce da pregação de sua própria fé.

Exalta o bem, procurando a vitória do bem, com esquecimento de todo mal.

Foge da crítica pessoal, à face da caridade que lhe rege o caminho, mas não recusa o exame honesto e imparcial desse ou daquele problema que interesse o equilíbrio e a segurança da comunidade em que vive.

Exerce a tolerância fraterna, corrigindo o erro sem ferir, como quem separa o enfermo da enfermidade.

Estuda sempre.

Ama sem escravizar e sem escravizar-se.

Não tem a presunção de saber e fazer tudo, mas realiza, com espontaneidade e alegria, o trabalho que lhe compete.

Age sem paixões partidárias, em assuntos políticos, embora esteja atento aos deveres de cidadão que o quadro social lhe preceitua.

Usa as posses do mundo em favor da prosperidade e do bem de todos.

Evita os excessos.

Simplifica, quanto possível, a própria existência.

Acata os preconceitos dos outros, conquanto não se sinta obrigado a cultivar preconceito algum.

Definindo-se o espírita na condição de aprendiz infatigável do progresso, será justo lembrar aqui a conceituação de Allan Kardec, no item sete do capítulo primeiro de *O evangelho segundo o espiritismo*: "Assim como o Cristo disse – 'não vim destruir a lei, porém, cumpri-la', o Espiritismo também diz – 'não venho destruir a lei cristã, mas dar-lhe execução'".

CAPÍTULO 67

TEMPO DE HOJE

> *"[...] Andai enquanto tendes luz [...]"* – Jesus. (João, 12:35.)
>
> *"Chamado a prestar contas do seu mandato terreno, o Espírito se apercebe da continuidade da tarefa interrompida, mas sempre retomada. Ele vê, sente que apanhou, de passagem, o pensamento dos que o precederam. Entra de novo na liça, amadurecido pela experiência, para avançar mais."* (Cap. 20, 3.)

Hoje é o tema fundamental nas proposições do tempo.

Ontem, retaguarda. Amanhã, porvir.

Hoje, no entanto, é a oportunidade adequada a corrigir falhas havidas e executar o serviço à frente... Dia de começar experiências que nos melhorem ou reajustem; de consultar essa ou aquela página edificante que nos iluminem a rota; de escrever a mensagem ao coração amigo que nos aguarda a palavra a fim de reconfortar-se ou assumir uma decisão; de promover o encontro que nos valorize as esperanças; de estender as mãos aos que se nos fizeram adversários ou de orar por eles se a consciência não nos permite ainda a reaproximação!...

*

Quantas mágoas se converteram em crimes por não havermos dado um minuto de amor para extinguir o braseiro do ódio! Quantos pequeninos ressentimentos se transfiguraram em separações seculares, nos domínios da reencarnação, por não termos tido coragem de exercer a humildade por meia hora!

Analisa a planta que se elevou nos poucos dias em que estiveste ausente, reflete no prato que se corrompeu durante os momentos breves em que te distanciaste da mesa!...

Tudo se transforma no tempo.

No trecho de instantes, deslocam-se mundos, proliferam micróbios.

O tempo, como a luz solar, é concedido a nós todos em parcelas iguais; as obras é que diferem, dentro dele por partirem de nós.

Observa o tempo que se chama hoje. Relaciona os recursos de que dispões: olhos que veem, ouvidos que escutam, verbo claro, braços e pernas úteis sob controle do cérebro livre!...

Ninguém te impede fazer do tempo consolação e tranquilidade, exemplo digno e conhecimento superior.

O próprio Jesus atribuía tamanha importância ao tempo que não se esqueceu de glorificar a última hora dos seareiros da verdade que se decidem a trabalhar.

Aproveita o dia corrente e faze algo melhor.

Hoje consegues agir e pensar, comandar e seguir, sem obstáculos. Vale-te, assim, do momento que passa e toma a iniciativa do bem, porque o tempo é concessão do Senhor e amanhã a bondade do Senhor poderá modificar-te o caminho ou renovar-te os programas.

CAPÍTULO 68

IDEIA ESPÍRITA

> "[...] Paz seja convosco; assim como o Pai me enviou, também eu vos envio a vós." – JESUS. (João, 20:21.)

> "Ide, pois, e levai a palavra divina: aos grandes que a desprezarão, aos eruditos que exigirão provas, aos pequenos e simples que a aceitarão; porque, principalmente entre os mártires do trabalho, desta provação terrena, encontrareis fervor e fé. Ide; estes receberão com hinos de gratidão e louvores a Deus, a santa consolação que lhes levareis, e baixarão a fronte, rendendo-lhe graças pelas aflições que a Terra lhes destina."
> (Cap. 20, 4.)

TODOS NÓS, EM DOUTRINA ESPÍRITA, DESAPROVAmos qualquer inclinação ao exclusivismo e à intransigência.

Nenhuma religião existe órfã da Providência Divina.

Nenhuma parcela da verdade reponta na Terra, endereçada ao desapreço.

Por outro lado, não ignoramos que a transmissão dos nossos princípios começa na reforma individual.

Chamados, porém, a colaborar na seara da Nova Revelação, é necessário consagrar o melhor de nós mesmos à ideia espírita, de modo a prestigiá-la e desenvolvê-la.

Nada fácil adquirir escritórios e rotativas da grande imprensa, mas todos, sem exceção, dispomos de meios, ainda que modestos, a fim de apoiar essa ou aquela folha doutrinária que a divulgue.

Muito difícil senhorear integralmente as atividades de emissora moderna, contudo, ninguém aparece tão desvalido que não possa ofertar pequeno esforço para que ela seja mantida em minutos breves pela onda radiofônica ou pelos canais da televisão.

Nem sempre manejaremos a tribuna coroada pela retórica perfeitamente unida à gramática, no entanto, a humildade é acessível a todos, a fim de que a frase sincera consiga expô-la com franqueza e carinho, edificando a quem ouve.

Muito raramente, lograremos organizar editoras para o lançamento de obras em massa, todavia, nenhum de nós está impedido de oferecer um livro que a contenha para consolo e esclarecimento a quem lê.

Em toda parte, surge o impositivo da ideia espírita: na interpretação religiosa para que a fé não se converta em fanatismo; nos estudos filosóficos, para que a exposição verbal não seja discurso infrutífero; nas realizações científicas, para que a experimentação não se faça loucura; nas empresas da arte, para que o sentimento não se desprimore no vício.

O mundo tem sede de raciocínios, em torno da imortalidade da alma, do intercâmbio espiritual, da reencarnação, da morte física, dos valores mediúnicos, da desobsessão, das incógnitas da mente, dos enigmas da dor e, sobretudo, ao redor das Leis Divinas a funcionarem, exatas, na consciência de cada um. Para que obtenhamos solução a semelhantes problemas, urge saibamos trabalhar pela difusão da ideia espírita, na construção da Era Nova, irradiando-a com todos os recursos lícitos ao nosso alcance, com base no veículo do exemplo.

CAPÍTULO 69

CONJUNTO

> "Pai, aqueles que me deste quero que, onde eu estiver, também eles estejam comigo [...]."
> – JESUS. (*João*, 17:24.)
>
> "Arme-se a vossa falange de decisão e coragem! Mãos à obra! o arado está pronto; a terra espera; arai!" (Cap. 20, 40.)

NUM TEMPLO ESPÍRITA-CRISTÃO, É RAZOÁVEL ANOtar que todo trabalho é ação de conjunto.

Cada companheiro é indicado à tarefa precisa; cada qual assume a feição de peça particular na engrenagem do serviço, sem cuja cooperação os mecanismos do bem não funcionam em harmonia.

Indispensável apagar-nos pelo brilho da obra.

Na aplicação da eletricidade, congregam-se implementos diversos, mas interessa, acima de tudo, a produção da força, e, no aproveitamento da força, a grande usina é um espetáculo de grandeza, mas não desenvolve todo o concurso de que é suscetível, sem a tomada simples.

Necessário, assim, saibamos reconhecer por nós mesmos o que seja essencial a fazer pelo rendimento digno da atividade geral.

Orientando ou colaborando, em determinadas ocasiões, a realização mais importante que se nos pede é o esclarecimento temperado de gentileza ou a indicação paciente e clara da verdade ao ânimo do obreiro menos acordado, na edificação espiritual. Noutros instantes, a obrigação mais valiosa que as circunstâncias nos solicitam é o entendimento com uma criança, a conversação fraternal com um doente, a limpeza de um móvel ou a condução de um fardo pequenino.

Imprescindível, porém, desempenhar semelhantes incumbências, sem derramar o ácido da queixa e sem azedar o sentimento na aversão sistemática. Irritar-se alguém, no exercício das boas obras, é o mesmo que rechear o pão com cinzas.

Administrar amparando e obedecer, efetuando o melhor!... Em tudo, compreender que o modo mais eficiente de pedir é trabalhar e que o processo mais justo de recomendar é fazer, mas trabalhar e fazer, sem tristeza e sem revolta, entendendo que benfeitorias e providências são recursos preciosos para nós mesmos. Em todas as empresas do bem, somos complementos naturais uns dos outros. O Universo é sustentado na base da equipe. Uma constelação é família de sóis. Um átomo é agregado de partículas.

Nenhum de nós procure destaque injustificável. Na direção ou na subalternidade, baste-nos o privilégio de cumprir o dever que a vida nos assinala, discernindo e elucidando, mas auxiliando e amando sempre. O coração, motor da vida orgânica, trabalha oculto e Deus, que é para nós o Anônimo Divino, palpita em cada ser, sem jamais individualizar-se na luz do bem.

CAPÍTULO 70

SER ESPÍRITA

> *"Tenho-vos dito isto, para que em mim tenhais paz; no mundo, tereis aflições, mas tende bom ânimo, eu venci o mundo." –* JESUS. *(João, 16:33.)*
>
> *"Ide e agradecei a Deus a gloriosa tarefa que Ele vos confiou; mas atenção! entre os chamados para o Espiritismo muitos se transviaram; reparai, pois, vosso caminho e segui a verdade."* (Cap. 20, 4.)

DOUTRINA ESPÍRITA – CRISTIANISMO RENASCENTE.

Ser espírita é constituir-se em núcleo de ação edificante, através do qual principia a Nova Era.

*

Fala-se no mundo de hoje, qual se o mundo estivesse reduzido à casa em ruínas.

O espírita é chamado à função da viga robusta, suscetível de mostrar que nem tudo se perdeu.

Há quem diga que a Humanidade jaz em processo de desagregação.

O espírita é convidado a guardar-se por célula sadia, capaz de abrir caminho à recuperação do organismo social.

*

O espírita, onde surja a destruição, converte-se em apelo ao refazimento; onde estoure a indisciplina, faz-se esteio da ordem e, onde lavre o pessimismo, ergue-se, de imediato, por mensagem de esperança.

Assim sucede, porque o espírita reconhece que não vale exigir dos outros aquilo que não fazemos, nem reclamar no vizinho o clarão de um farol, quando, muitas vezes, esse mesmo vizinho espera pela chama de alguém que lhe aqueça e ilumine o coração enregelado na sombra.

*

Companheiro de ideal!

O ensinamento espírita é a palavra do Cristo que nos alcança sem gritar e a obra espírita, desde as bases primordiais de Allan Kardec, é construção do Evangelho, levantando as criaturas sem rebaixar a ninguém.

Trabalha servindo, cônscio de que cada um de nós é o agente da propaganda de si mesmo, no trabalho da redenção humana, que não nasce da violência e sim da verdade e do amor, no toque fraternal de espírito a espírito.

À vista disso, se muito podes realizar, a benefício do próximo, por aquilo que sabes, somente conseguirás renovar os semelhantes por aquilo que és.

CAPÍTULO 71

DIANTE DA VIDA SOCIAL

> *"Aquele que tem os meus mandamentos e os guarda esse é o que me ama; e aquele que me ama será amado de meu Pai, e eu o amarei, e me manifestarei a Ele."* – JESUS. (*João*, 14:21.)
>
> *"Aproxima-se o tempo em que se cumprirão as coisas anunciadas para a transformação da Humanidade. Ditosos serão os que houverem trabalhado no campo do Senhor, com desinteresse e sem outro móvel, senão a caridade!"* (Cap. 20, 5.)

ESPIRITUALIDADE SUPERIOR NÃO SE COMPADECE com insulamento.

Se o trabalho é a escola das almas, na esfera da evolução, o contato social é a pedra de toque, a definir-lhes o grau de aproveitamento.

Virtude que não se reconheceu no cadinho da experiência figura-se metal julgado precioso, cujo valor não foi aferido.

Talento proclamado sem utilidade geral assemelha-se, de algum modo, ao tesouro conservado em museu.

Ninguém patenteia aprimoramento espiritual, à distância da tentação e da luta.

*

As leis do Universo, diligenciando a santificação das criaturas, não determinam que o mundo se converta em vale de mendicância e sofrimento, mas sim espera que o planeta se eleve à condição de moradia da prosperidade e da segurança para quantos lhe povoam as faixas de vida.

Todos somos chamados à edificação do progresso, com o dever de melhorar-nos, colaborando na melhoria dos que nos cercam.

Justo, assim, possas deter um diploma acadêmico, retendo prerrogativas de trabalho pela competência adquirida, no entanto, será crueldade nada fazer para que o próximo se desvencilhe da ignorância; natural desfrutes residência dotada de todos os recursos, que te garantam a euforia pessoal, mas é contrário à razão te endeuses dentro dela, sem qualquer esforço para que os menos favorecidos disponham de abrigo conveniente; compreensível guarneças a própria mesa com iguarias primorosas que te satisfaçam a dieta exigente, entretanto, é absurdo esperares que a fome alheia te bata à porta; perfeitamente normal que te vistas, segundo os figurinos do tempo, manejando as peças de roupa que suponhas aconselháveis à própria apresentação, contudo, é estranho confiar vestuário em desuso ao domínio da traça, desconsiderando a nudez dos que tremem de frio.

*

Apoiemos o bem para que o bem nos apoie.

Para isso é preciso estender aos semelhantes os bens que nos felicitam.

Repara a Natureza, no sistema de doações permanentes em que se expressa.

O céu reparte a luz infinitamente, o solo descerra energias e riquezas sem conta, fontes ofertam águas, árvores dão frutos...

Felicidade sozinha será, decerto, egoísmo consagrado. Toda vez que dividimos a própria felicidade com os outros, a felicidade dos outros, devidamente aumentada, retorna dos outros ao nosso coração, multiplicando a felicidade verdadeira dentro de nós.

CAPÍTULO 72
EXTERIOR E CONTEÚDO

> *"[...] Acautelai-vos, que ninguém vos engane."*
> – Jesus. (*Mateus*, 24:4.)
>
> *"Os fenômenos espíritas, longe de abonarem os falsos cristos e os falsos profetas, como a algumas pessoas apraz dizer, golpe mortal desferem neles. Não peçais ao Espiritismo prodígios, nem milagres, porquanto ele formalmente declara que os não opera."* (Cap. 21, 7.)

Forçoso distinguir sempre o exterior do conteúdo.

Exterior atende à informação e ao revestimento.

Conteúdo, porém, é substância e vida.

Exterior, em muitas ocasiões, afeta unicamente os olhos.

Conteúdo alcança a reflexão.

Simples lições de coisas aclaram-nos o asserto.

A casa impressiona pelo feitio. O interior, contudo, é que lhe decide o aproveitamento.

A máquina atrai pelo tipo. A engrenagem, todavia, é que lhe revela a função.

Exterior consegue enganar.

Um frasco indicando medicamento é capaz de trazer corrosivo.

Uma bolsa aparentemente inofensiva pode encerrar uma bomba.

Conteúdo, entretanto, fala por si.

A essência disso ou daquilo é ou não é.

Imperioso considerar ainda que todas as aquisições, conhecidas por fora, somente denotam valor real se filtradas por dentro.

Cultura é patrimônio incorruptível, no entanto apenas vale para a vida, no exemplo de trabalho daquele que a possui.

Título profissional tem o crédito apreciado pelo bem que realiza.

Teoria de elevação não vai sem a prática.

Música é avaliada na execução.

Atendamos, pois, às definições espíritas, que nos traçam deveres imprescritíveis, confessando-nos espíritas e abraçando atitudes espíritas, mas sem esquecer que Espiritismo, na esfera de nossas vidas, em tudo e por tudo, é renovação moral.

CAPÍTULO 73

SEARA ESPÍRITA

> *"Porque cada árvore se conhece pelo seu próprio fruto; pois não se colhem figos no espinheiro nem uvas nos abrolhos."* – JESUS. (*Lucas*, 6:44.)
>
> *"É assim, meus irmãos, que deveis julgar; são as obras que deveis examinar. Se os que se dizem investidos de poder divino revelam sinais de uma missão de natureza elevada, isto é, se possuem no mais alto grau as virtudes cristãs e eternas: a caridade, o amor, a indulgência, a bondade que concilia os corações; se, em apoio das palavras, apresentam os atos, podereis então dizer: Estes são realmente enviados de Deus."* (Cap. 21, 8.)

PENETRANDO A SEARA ESPÍRITA, REMEMORA O Cristianismo Redivivo, que se lhe configura nas menores atividades, e não te circunscrevas à expectação.

Em semelhante campo de fé, sem rituais e sem símbolos, sem convenções e sem exigências, descobrirás facilmente os recomendados do Senhor, a surgirem naqueles companheiros cujas dificuldades ultrapassam as nossas.

Pleiteias a mensagem dos entes queridos que te antecederam na viagem do túmulo, entretanto, basta procures e divisarás amigos diversos que não somente perderam a presença de seres inesquecíveis, mas também as possibilidades primárias da intimidade doméstica.

Solicitas proteção para os filhos educados nos primores de tua bênção, agora em obstáculos inquietantes no estudo ou na profissão, contudo distinguirás, ao teu lado, pais valorosos e incapazes de aliviar as necessidades singelas dos rebentos da própria carne, sem a assistência do amparo público.

Diligencias a cura da enfermidade ligeira que te apoquenta e contemplarás muitos daqueles que trazem moléstias irreversíveis, para os quais chega uma frase de esperança, a fim de louvarem as dores da própria vida.

Pedes, mentalmente, arrimo à solução de negócios materiais que te propiciem finança mais dilatada, no entanto, surpreenderás os pés desnudos de irmãos que vieram de longe, à busca de um simples pensamento confortador, vencendo, passo a passo, largas distâncias, por lhes faltarem qualquer recurso para o custeio da condução.

Rogas conselho em assunto determinado, não obstante o arsenal dos conhecimentos de que dispões, todavia, reconhecerás, frente à frente, amigos diversos que nunca tiveram, em toda a existência física, a bendita oportunidade de um livro às mãos.

Se o Plano Superior já te permite pisar na seara espírita não te limites à prece.

Todos os tipos de rogativa que se voltem para e Bem Infinito são respeitáveis, no entanto, pensa em nosso Divino Mestre que orou auxiliando e realiza algo de bom, em favor dos irmãos em Humanidade, que ele mesmo nos apresenta.

Espiritismo é Cristianismo e Cristianismo quer dizer Cristo em nós para estender o Reino de Deus e servir em seu nome.

CAPÍTULO 74

LER E ESTUDAR

> *"[...] muitos virão em meu nome dizendo: "Eu sou o Cristo", e enganarão a muitos."* – JESUS. (*Mateus*, 24:5.)
>
> *"Desconfiai dos falsos profetas."* (Cap. 21, 9.)

LER, SIM, E LER SEMPRE, MAS SABER O QUE LEMOS.

Isso é o mesmo que reconhecer o impositivo da alimentação física, na qual, todas as criaturas de bom senso, atendam à seleção necessária.

Ninguém adquire gêneros deteriorados para a formação dos pratos que consome.

Pessoa alguma compra pastéis de lodo para serviço à mesa.

*

Estudar, sim, e estudar sempre, mas saber o que estudamos.

Isso é o mesmo que reconhecer o impositivo da instrução, na qual todas as criaturas de bom senso atendem ao critério preciso.

Ninguém adquire páginas dissolutas para fortalecer o caráter.

Pessoa alguma compra gravuras pornográficas para conhecer o alfabeto.

*

O homem filtra a água, efetua os prodígios da assepsia, imuniza produtos do mercado popular e vacina-se contra moléstias contagiosas, no entanto, por mais levante os princípios de controle da imprensa, encontra, a cada passo, reportagens sanguinolentas e livros enfermiços, nos quais o vício e a criminalidade, frequentemente, compareçem disfarçados em belas palavras, semelhando cristais de alto preço, carreando veneno.

*

Assevera o Apóstolo Paulo, em sua primeira carta aos Tessalonicenses: "Examinai tudo e retende o bem."

A sábia sentença, decerto, menciona tudo o que pode e deve ser geralmente anotado, de vez que o meio microbiano, para efeitos científicos, se reserva ao exame de técnicos que, aliás, o fazem, munidos de luva conveniente.

Leiamos e estudemos, sim, quanto nos seja possível, honrando o trabalho dos escritores de pensamento limpo e nobre que nos restaurem as forças e nos amparem a vida, mas evitemos as páginas em que a loucura e a delinquência se estampam, muitas vezes, através de alucinações fraseológicas de superfície deleitosa e brilhante, porquanto, buscar-lhes o convívio equivale a pagar corrosivo mental ou perder tempo.

CAPÍTULO 75

NO CAMINHO DA ELEVAÇÃO

> *"Tomai sobre vós o meu jugo [...]."* – JESUS. (*Mateus*, 11:29.)
>
> *"Mas na união dos sexos, a par da Lei Divina material, comum a todos os seres vivos, há outra Lei Divina, imutável como todas as Leis de Deus, exclusivamente moral: a Lei de Amor."* (Cap. 22, 3.)

ABENÇOA OS CONFLITOS QUE, TANTAS VEZES, TE amarfanham o coração no carreiro doméstico, sempre que o lar apareça por ninho de problemas e inquietações.

É aí, entre as quatro paredes do reduto familiar, que reencontras a instrumentação do sofrimento reparador...

Amigos transfigurados em desafios à paciência...

Pais incompreensivos a te requisitarem entendimento...

Filhos convertidos em ásperos inquisidores da alma...

Parentes que se revelam por adversários ferrenhos sob o disfarce da consanguinidade...

Lutas inesperadas e amargas que dilapidam as melhores forças da existência pelo seu conteúdo de aflição...

Aceita as intimações do calvário doméstico, na feição com que se mostrem, como quem acolhe o remédio indispensável à própria cura.

Desertar será retardar a equação que a contabilidade da vida exigirá sempre, na matemática das causas e dos efeitos.

Nesse sentido, vale recordar que Jesus não afirmou que se alguém desejasse encontrá-lo necessitaria proclamar-lhe as virtudes, entretecer-lhe lauréis, homenagear-lhe o nome ou consagrar-se às atitudes de adoração, mas, sim, foi peremptório, asseverando que os candidatos à integração com Ele precisariam carregar a própria cruz e seguir-lhe os passos, isto é, suportarem com serenidade e amor, entendimento e serviço os deveres de cada dia.

Bem-aventurado, pois, todo aquele que, apesar dos entraves e das lágrimas do caminho, sustentar nos ombros, ainda mesmo desconjuntados e doloridos, a bendita carga das próprias obrigações.

CAPÍTULO 76
UNIÕES DE PROVA

> *"[...] não separe o homem o que Deus ajuntou."*
> – Jesus. (*Mateus*, 19:6.)

> *"[...] quando Jesus disse: 'Não separeis o que Deus uniu', essas palavras se devem entender com referência à união segundo a lei imutável de Deus, e não segundo a lei mutável dos homens."*
> (Cap. 22, 3.)

Aspiras a convivência dos Espíritos de eleição com os quais te harmonizas agora, no entanto, trazes ainda na vida social e doméstica, o vínculo das uniões menos agradáveis que te compelem a frenar impulsos e a sufocar os mais belos sonhos.

Não violentes, contudo, a lei que te preceitua semelhantes deveres.

Arrastamos, do passado ao presente, os débitos que as circunstâncias de hoje nos constrangem a revisar.

O esposo arbitrário e rude que te pede heroísmo constante é o mesmo homem de outras existências, de cuja lealdade escarneceste, acentuando-lhe a feição agressiva e cruel.

Os filhinhos doentes que te desfalecem nos braços, cancerosos ou insanos, idiotizados ou paralíticos são as almas confiantes e ingênuas de anteriores experiências terrestres, que impeliste friamente às pavorosas quedas morais.

A companheira intransigente e obsidiada, a envolver-te em farpas magnéticas de ciúme, não é outra senão a jovem que outrora embaíste com falsos juramentos de amor, enredando-lhe os pés em degradação e loucura.

Os pais e chefes tirânicos, sempre dispostos a te ferirem o coração, revelam a presença daqueles que te foram filhos em outras épocas, nos quais plantaste o espinheiral do despotismo e do orgulho, hoje contigo para que lhes renoves o sentimento, ao preço de bondade e perdão sem limites.

*

Espíritos enfermos, passamos pelo educandário da reencarnação, qual se o mundo, transfigurado em sábio anestesista, nos retivesse no lar, para que o tempo, à feição de professor devotado, de prova em prova, efetue a cirurgia das lesões psíquicas de egoísmo e vaidade, viciação e intolerância que nos comprometem a alma.

À frente, pois, das uniões menos simpáticas, saibamos suportá-las, de ânimo firme.

Divórcio, retirada, rejeição e demissão, às vezes, constituem medidas justificáveis nas convenções humanas, mas quase sempre não passam de moratórias para resgate em condições mais difíceis, com juros de escorchar.

Ouçamos o íntimo de nós mesmos.

Enquanto a consciência se nos aflige, na expectativa de afastar-nos da obrigação, perante alguém, vibra em nós o sinal de que a dívida permanece.

CAPÍTULO 77

ESPIRITISMO E NÓS

> "Se me amardes, guardareis os meus mandamentos." – JESUS. (*João*, 14:15.).

> "O Espiritismo vem realizar, na época prevista, as promessas do Cristo. Entretanto, não o pode fazer sem destruir os abusos." (Cap. 23, 17.)

TODAS AS RELIGIÕES GARANTEM RETIROS E INTERnatos, organizações e hierarquias para a formação de orientadores condicionados, que lhes exponham as instruções, segundo o controle que lhes parece conveniente.

A Doutrina Espírita, revivendo o Cristianismo puro, é a religião do esclarecimento livre.

Mas se nós, os espíritas encarnados e desencarnados, situamos nossas pequeninas pessoas, acima dos grandes princípios que a expressam, estaremos muito distantes dela, confundidos nos delírios do personalismo deprimente, em nome da liberdade.

Todas as religiões amontoam riquezas terrestres, através de templos suntuosos, declarando que assim procedem para render homenagem condigna à Divina Bondade.

A Doutrina Espírita, revivendo o Cristianismo puro, é a religião do desprendimento.

Entretanto, se nós, os espíritas encarnados e desencarnados, encarcerarmos a própria mente nas hipnoses de adoração a pessoas ou na ilusão de posses materiais passageiras, tombaremos em amargos processos de obsessão mútua, descendo à condição de vampiros intelectualizados uns dos outros, gravitando em torno de interesses sombrios e perdendo a visão dos Planos Superiores.

Todas as religiões cultivam rigoroso sentido de seita, mantendo a segregação dos profitentes.

A Doutrina Espírita, revivendo o Cristianismo puro, é a religião da solidariedade.

Contudo, se nós, os espíritas encarnados e desencarnados, abraçarmos aventuras e distorções, em torno do ensino espírita, ainda mesmo quando inocentes e piedosas, na conta de fraternidade, levantaremos novas inquisições do fanatismo e da violência contra nós mesmos.

Todas as religiões sustentam claustros ou discriminações, a pretexto de se resguardarem contra o vício.

A Doutrina Espírita, revivendo o Cristianismo puro, é a religião do pensamento reto.

Todavia, se nós, os espíritas encarnados e desencarnados, convocados a servir no mundo, desertarmos do concurso aos semelhantes, a título de suposta humildade ou por temor de preconceitos, acabaremos inúteis, nos círculos fechados da virtude de superfície.

Todas as religiões, de um modo ou de outro, alimentam representantes e ministérios remunerados.

A Doutrina Espírita, revivendo o Cristianismo puro, é a religião da assistência gratuita.

No entanto, se nós, os espíritas encarnados e desencarnados, fugirmos de agir, viver e aprender à custa do esforço próprio, incentivando tarefeiros pagos e cooperações financiadas, cairemos, sem perceber, nas sombras do profissionalismo religioso.

Todas as religiões são credoras de profundo respeito e de imensa gratidão pelos serviços que prestam à Humanidade.

Nós, porém, os espíritas encarnados e desencarnados, não podemos esquecer que somos chamados a reviver o Cristianismo puro, a fim de que as Leis do Bem Eterno funcionem na responsabilidade de cada consciência.

Exortou-nos o Cristo: "Amai-vos uns aos outros como eu vos amei". E prometeu: "Conhecereis a verdade e a verdade vos fará livres".

Proclamou Kardec: "Fora da caridade não há salvação." E esclareceu: "Fé verdadeira é aquela que pode encarar a razão face à face."

Isso quer dizer que sem amor não haverá luz no caminho e que sem caridade não existirá tranquilidade para ninguém, mas estes mesmos enunciados significam igualmente que sem justiça e sem lógica, os nossos melhores sentimentos podem transfigurar-se em meros caprichos do coração.

CAPÍTULO 78

ANTE O DIVINO MÉDICO

> *"Não são os que gozam saúde que precisam de médico."* – JESUS. (*Mateus*, 9:12.)
>
> *"Jesus se acercava, principalmente, dos pobres e dos deserdados, porque são os que mais necessitam de consolações; dos cegos dóceis e de boa-fé, porque pedem se lhes dê a vista, e não dos orgulhosos que julgam possuir toda a luz e de nada precisar."* (Cap. 24, 12.)

MILHÕES DE NÓS OUTROS – OS ESPÍRITOS ENCARNAdos e desencarnados em serviço na Terra – somos almas enfermas de muitos séculos.

Carregando débitos e inibições, contraídos em existências passadas ou adquiridos agora, proclamamos em palavras sentidas que Jesus é o nosso Divino Médico. E basta ligeira reflexão para encontrar no Evangelho a coleção de receitas articuladas por Ele, com vistas à terapia da alma.

Todas as indicações do sublime formulário primam pela segurança e concisão.

Nas perturbações do egoísmo: "faze aos outros o que desejas que os outros te façam."

Nas convulsões dá cólera: "na paciência possuirás a ti mesmo."

Nos acessos de revolta: "humilha-te e serás exaltado."

Na paranoia da vaidade: "não entrarás no Reino do Céu sem a simplicidade de uma criança."

Na paralisia de espírito por falsa virtude: "se aspiras a ser o maior, sê no mundo o servo de todos."

Nos quistos mentais do ódio: "ama os teus inimigos."

Nos delírios da ignorância: "aprende com a verdade e a verdade te libertará."

Nas dores por ofensas recebidas: "perdoa setenta vezes sete."

Nos desesperos provocados por alheias violências: "ora pelos que te perseguem e caluniam."

Nas crises de incerteza, quanto à direção espiritual: "se queres vir após mim, nega a ti mesmo, toma a tua cruz e segue-me."

*

Nós, as consciências que nos reconhecemos endividadas, regozijamo-nos com a declaração consoladora do Cristo:

– "Não são os que gozam de saúde os que precisam de médico."

Sim, somos Espíritos enfermos com ficha especificada nos gabinetes de tratamento, instalados nas Esferas Superiores, dos quais instrutores e benfeitores da Vida Maior nos acompanham e analisam ações e reações, mas é preciso considerar que o facultativo, mesmo sendo Nosso Senhor Jesus Cristo, não pode salvar o doente e nem auxiliá-lo de todo, se o doente persiste em fugir do remédio.

CAPÍTULO 79
ESTUDO ÍNTIMO

> *"Ide, porém, e aprendei o que significa: Misericórdia quero, e não sacrifício. Porque eu não vim a chamar os justos, mas os pecadores, ao arrependimento."* – JESUS. (*Mateus*, 9:13.)
>
> *"Se só aos mais dignos fosse concedida a faculdade de comunicar com os Espíritos, quem ousaria pretendê-la? Onde, ademais, o limite entre a dignidade e a indignidade? A mediunidade é conferida sem distinção, a fim de que os Espíritos possam trazer a luz a todas as camadas, a todas as classes da sociedade, ao pobre como ao rico; aos retos, para os fortificar no bem, aos viciosos para os corrigir."* (Cap. 24, 12.)

NA, CONSTRUÇÃO ESPIRITUAL A QUE FOMOS TRAZIdos pela bondade do Cristo, surgem momentos ásperos, nos quais temos a impressão de trazer fogo e fel nos escaninhos da alma.

Não mais entraves decorrentes de calúnia e perseguição, mas sim desgosto e inconformidade a se levantarem de nós contra nós. Insatisfação, arrependimento tardio, autopiedade...

Em muitas ocasiões, desertamos do bem, quando se fazia imprescindível demonstrá-lo. Falhamos ou distraímo-nos, no momento preciso de vigiar ou vencer. E sentimo-nos deprimidos, arrasados...

Mesmo assim, urge não perder tempo com lamentações improfícuas.

Claro que não nos compete descambar na irresponsabilidade. Mera obrigação analisar os nossos atos, examinar a consciência, meditar, discernir... Entretanto, é forçoso cultivar desassombro e serenidade constantes para retificar-nos sempre, adestrando infatigável paciência até mesmo para conosco, nas provações que nos corrijam ou humilhem, agradecendo-as por lições.

Muitas vezes, perguntamo-nos porque teremos sido convocados à obra do Evangelho se, por enquanto, somos portadores de numerosas fraquezas e moléstias morais, contudo, vale considerar que assim sucede justamente por isso, porquanto Jesus declarou francamente não ter vindo à Terra para reabilitar os sãos. Críticos do mundo indagarão, igualmente, que diferença fazem para nós as teorias de cura espiritual e as diligências pela sublimação íntima, se estamos estropiados da alma, tanto agora quanto ontem. Podemos, entanto, responder, esperançosos e otimistas, que há muita diferença, de vez que, no passado, éramos doentes insensatos, agravando, inconscientemente, os nossos males, enquanto que hoje conhecemos as nossas enfermidades, tratando-as com atenção e empenhando-nos, incessantemente, em fugir delas.

CAPÍTULO 80

NOSSAS CRUZES

> "[...] Se alguém quiser vir após mim, negue-se a si mesmo, tome a sua cruz, e siga-me." – JESUS. (*Marcos*, 8:34.)
>
> "'Rejubilai-vos', diz Jesus, 'quando os homens vos odiarem e perseguirem por minha causa, visto que sereis recompensados no céu'. Podem traduzir-se assim estas verdades: 'Considerai-vos ditosos, quando haja homens que, pela sua má vontade para convosco, vos deem ocasião de provar a sinceridade da vossa fé, porquanto o mal que vos façam redundará em proveito vosso. Lamentai-lhes a cegueira, porém, não os maldigais'."
> (Cap. 24, 19.)

JULGÁVAMOS, ANTIGAMENTE, QUE NOSSAS CRUZES, as que devemos carregar, ao encontro do Senhor, se constituíam, unicamente daquelas dos exercícios louváveis, mas incompletos da piedade religiosa. E perdemos, em parte, muitas reencarnações, hipnotizados por sentimentalismo enfermiço, ilhando-nos, sem perceber, nas miragens da própria imaginação para esbarrar, em seguida, com os pesadelos do tempo largado inútil.

Com a Doutrina Espírita, que nos revela o significado real das palavras do Cristo, aprendemos hoje que não bastam fugas e omissões do campo de luta a fim de alcançarmos a meta sublime.

Assevera Jesus que se nos dispomos a encontrá-lo, é preciso renunciar a nós mesmos e tomar nossa cruz. Essa renúncia, porém, não será semelhante à fonte seca. É necessário que ela demonstre rendimento de valores espirituais, em nosso favor e a benefício daqueles que nos cercam, ensinando-nos o desapego ao bem próprio pelo bem de todos.

À face disso, nossas cruzes incluem todas as realidades que o mundo nos oferece, dentro das quais somos convocados a esquecer-nos na construção da felicidade geral.

Os fardos que nos cabem transportar, a fim de que venhamos a merecer o convívio do Mestre, bastas vezes contêm as dores das grandes separações, as farpas do desencanto, as provações em família, os sacrifícios mudos, em que os entes amados nos pedem largos períodos de aflição, os desastres do plano físico que nos cortam a alma, o abandono daqueles mesmos que nos baseavam todas as esperanças, o cativeiro a compromissos pela sustentação da harmonia comum, as tarefas difíceis, em cuja execução, quase sempre, somos constrangidos a marchar, aguardando debalde o concurso alheio.

Não nos enganemos. O próprio Cristo transportou o madeiro que a nossa ignorância lhe atribuiu, palmilhando senda marginada de exigências, injúrias, pancadas e deserções.

Ninguém abraça o roteiro do Evangelho para estirar-se em redes de fantasia. O cristão é chamado a melhorar e elevar o nível da vida e para quem efetivamente vive em Cristo, a vida é um caminho pavimentado de esperança e trabalho, alegria e consolo, mas plenamente aberto às surpresas e ensinamentos da verdade, sem qualquer ilusão.

CAPÍTULO 81
CAMPEONATOS

> *"[...] buscai e achareis [...]."* – JESUS. (*Mateus*, 7:7.)
>
> *"Se Deus houvesse isentado do trabalho do corpo o homem, seus membros se teriam atrofiado; se o houvesse isentado do trabalho da inteligência seu Espírito teria permanecido na infância, no estado de instinto animal."* (Cap. 25, 3.)

COSTUMAMOS ADMIRAR AS PERSONALIDADES QUE se galardoam na Terra.

Tribunos vencem inibição e gaguez, em adestramento laborioso, aprimorando a dicção.

Poetas torturam versos, durante anos, transfigurando-se em estetas perfeitos, ajustando a emoção aos rigores da forma.

Pintores reconstituem os próprios traços, centenas de vezes, fixando, por fim, os coloridos da Natureza.

Atletas despendem tempo indeterminado, manejando bolas e raquetas ou submetendo-se a severos regimes, em matérias de alimentação e disciplina, para se garantirem nos galarins da evidência.

Todos eles são dignos de apreço, pelas técnicas obtidas, à custa de longo esforço, e todos, conquanto sem intenção, traçam o caminho que se nos indica às vitórias da alma, porquanto existem campeonatos ocultos, sem qualquer aplauso no mundo, embora atenciosamente seguidos da Esfera Espiritual.

*

Se aspiramos a libertação da impulsividade que nos arrasta aos flagelos da cólera e da incontinência, é forçoso nos afeiçoemos aos regulamentos interiores.

Tribunos, poetas, pintores e atletas terão lido e ouvido treinadores eméritos, mas, sem a consagração deles mesmos aos exercícios que lhes atribuíram eficiência, não passariam de aspirantes aos títulos que apresentam.

Assim também, no campo do espírito.

Não adquiriremos equilíbrio e entendimento, abnegação e fé, unicamente desejando semelhantes aquisições.

Não ignoramos que, em certos episódios da vida, não remediaremos a dificuldade com atitudes meigas e que surgem lances, na estrada, nos quais o silêncio não é a diretriz ideal; não desconhecemos que, em determinadas circunstâncias, a caridade não deve ser vazada em moldes de frouxidão e que o sentimento não é feito de pedra para resistir, intocável, a todos os aguilhões do desejo...

Entretanto, se aplicarmos em nós as regras em cuja eficácia acreditamos, sofreando impulsos inferiores, cinco, duzentas, oitocentas, duas mil, dez mil ou cinquenta mil vezes, praticando humildade e paciência, pela obtenção dos pequeninos triunfos do mundo íntimo, que somente nós próprios conseguimos avaliar, conquistaremos o burilamento do espírito, encontrando a palavra certa e a conduta exata, nas mais diversas situações e nos mais variados problemas.

Tudo é questão de início e o êxito depende da lealdade à consciência, porquanto exclusivamente aqueles que cultivam fidelidade à própria consciência é que se dispõem a prosseguir e perseverar.

CAPÍTULO 82

AUXÍLIO DO ALTO

> *"Porque, aquele que pede, recebe; e, o que busca, encontra; e, ao que bate, se abre."* – JESUS. (*Mateus*, 7:8.)

> *"Dessa maneira serás filho das tuas obras, terás delas o mérito e serás recompensado de acordo com o que hajas feito."* (Cap. 25, 3.)

DEUS AUXILIA SEMPRE.

Observa, porém, o edifício ainda o mais singelo que se levanta no mundo.

Todos os recursos utilizados procedem fundamentalmente da Bondade Infinita. A inteligência do arquiteto, a força do obreiro, o apoio no solo e os materiais empregados constituem dons da Eterna Sabedoria, contudo, delineamentos da planta, elementos de alvenaria, metais diversos e agentes outros da construção não se expressaram nem se arregimentaram no serviço a toque mágico.

*

O lavrador roga bom tempo a Deus, mas não colhe sem plantar, embora Deus lhe enriqueça as tarefas com os favores do clima.

*

As Leis de Deus protegem a casa, no entanto, se o morador não a protege, as mesmas Leis de Deus, com o tempo, transformam-na em ruína, até que apareça alguém com suficiente compreensão do próprio dever, que se proponha a reconstruí-la e habitá-la com respeito e segurança.

*

Em toda parte, a Natureza encarece o Apoio Divino, mas não deixa de recomendar, ainda que sem palavras, o impositivo do Esforço Humano.

*

A Criação pode ser comparada à imensa propriedade do Criador que a usufrui com todas as criaturas, em condomínio perfeito, no qual as responsabilidades crescem com a extensão dos conhecimentos e dos bens obtidos.

*

Não te digas, dessa forma, sem a obrigação de pensar, estudar, influenciar, programar, agir e fazer.

"Ajuda-te que o Céu te ajudará" – proclama a sabedoria. Isso, no fundo, equivale a dizer que as Leis de Deus estão invariavelmente prontas a efetuarem o máximo em nosso favor, entretanto, nada conseguirão realizar por nós, se não dermos de nós pelo menos o mínimo.

CAPÍTULO 83

SETOR PESSOAL

> *"[...] a cada um segundo as suas obras."* – JESUS. (*Mateus*, 16:27.)
>
> *"Não, os Espíritos não vêm isentar o homem da Lei do trabalho: vêm unicamente mostrar-lhe a meta que lhe cumpre atingir e o caminho que a ela conduz, dizendo-lhe: Anda e chegarás. Toparás com pedras; olha e afasta-as tu mesmo. Nós te daremos a força necessária, se a quiseres empregar."* (Cap. 25, 4.)

PARA CLAREAR A NOÇÃO DA RESPONSABILIDADE pessoal, nunca é demais recorrer às lições vivas da Natureza.

*

No plano físico, Deus é o fulcro gerador de toda energia, no entanto, o Sol é a usina que assegura a vitalidade terrestre; é o fundamento divino do mundo, mas a rocha é o alicerce que sustenta o vale; é o proprietário absoluto do solo, todavia, a árvore é o gênio maternal que deita o fruto; é o senhor supremo das águas, entretanto, a fonte é o vaso que dessedenta os homens.

*

Igualmente, no plano moral, Deus é a raiz da justiça, no entanto, o legislador é o tronco dos estatutos de governança; é a cabeça insondável da sabedoria, mas o professor é vértebra da escola; é a inspiração do trabalho, todavia, o operário é o agente da tarefa; é a essência do campo, entretanto, o lavrador é o instrumento da sementeira.

*

Assim também ocorre na esfera de nossos deveres particulares.

Tudo aquilo de que dispomos, incluindo afeições, condições, oportunidades, títulos e recursos pertencem, originariamente, a Deus, contudo, é forçoso zelarmos pelo setor das próprias obrigações, porquanto, queiramos ou não, responderemos a Deus, através das leis que orientam a vida, pelo serviço individual que nos cabe fazer.

CAPÍTULO 84

PALAVRAS DE JESUS

> *"Olhai para as aves do céu, que nem semeiam, nem segam, nem ajuntam em celeiros; e vosso Pai celestial as alimenta. Não tendes vós muito mais valor do que elas?"* – JESUS. (*Mateus*, 6:26.)
>
> *"Deus conhece as nossas necessidades e a elas provê, como for necessário. O homem, porém, insaciável nos seus desejos, nem sempre sabe contentar-se com o que tem: o necessário não lhe basta, reclama o supérfluo. A Providência, então, o deixa entregue a si mesmo."* (Cap. 25, 7.)

VALE-SE MUITA GENTE DO EVANGELHO PARA USAR as expressões literais do Senhor, sem qualquer consideração para com o sentido profundo que as ditou, simplesmente para exaltar conveniência e egoísmo.

*

Exortou o Divino Mestre: "Não vos inquieteis pelo dia de amanhã."

Encontramos aqueles que se baseiam nestas palavras, destinadas a situar-nos na eficiência tranquila, para abraçarem deserção e preguiça, olvidando que o próprio Jesus nos advertiu: "Andai enquanto tendes luz."

*

Asseverou o Eterno Amigo: "Nem só de pão vive o homem."

Há companheiros que se estribam em semelhante conceito, dedicado a preservar-nos contra a volúpia da posse, para assumirem atitudes de relaxamento e desprezo, à frente do serviço de organização e previdência da vida material, sem se lembrarem de que Jesus multiplicou pães no monte, socorrendo a multidão cansada e faminta.

*

Afirmou o Excelso Benfeitor: "Realmente há muita dificuldade para que um rico entre nos Céus."

Em todos os círculos do ensinamento cristão, aparecem os que se aproveitam da afirmativa, dedicada a imunizar-nos contra as calamidades da avareza, para lançarem diatribes contra o dinheiro e sarcasmos contra os irmãos chamados a manejá--lo, na sustentação do trabalho e da beneficência, da educação e do progresso, incapazes de recordar que Jesus honrou a finança dignamente empregada, até mesmo nos dois vinténs com que a viúva pobre testemunhou a própria fé.

*

Disse o Cristo: "Não julgueis."

Em toda parte, surpreendemos os que se prevalecem do aviso que nos acautela contra os desastres da intolerância, para acobertarem viciação e má-fé, sem se prevenirem de que Jesus nos recomendou igualmente: "Orai e vigiai a fim de não cairdes em tentação."

*

Admoestou o Mestre dos Mestres: "Ao que vos pedir a túnica, cedei também a capa."

Não poucos mobilizam o asserto consagrado a impelir-nos ao culto do desprendimento e da gentileza, para estabelecerem regimes de irresponsabilidade e negligência, quando o Cristo nos preceituou a obrigação de entregar a cada um aquilo que lhe pertence, até mesmo nas questões mínimas do imposto exigido pelos poderes públicos, ao solicitar-nos: "Dai a César o que é de César."

Não podemos esquecer que as palavras do Cristo, no curso dos séculos, receberam interpretações adequadas aos interesses de grupos, circunstâncias, administrações e pessoas.

A Doutrina Espírita brilha hoje, porém, diante do Evangelho, não apenas para aliviar e consolar, mas também para instruir e esclarecer.

CAPÍTULO 85

COMUNIDADE

> *"Porque com o juízo que julgardes sereis julgados e a medida com que tiverdes medido vos hão de medir a vós." –* JESUS. (*Mateus,* 7:2.)

> *"A caridade e a fraternidade não se decretam em leis. Se uma e outra não estiverem no coração, o egoísmo aí sempre imperará. Cabe ao Espiritismo fazê-las penetrar nele."* (Cap. 25, 8.)

SEMPRE QUE POSSAS, LANÇA UM GESTO DE AMOR àqueles que se apagam no dia a dia, para que te não faltem segurança e conforto.

Vértice não se empina sem base.

*

Banqueteias-te, selecionando iguarias.

Legiões de pessoas se esfalfam nas tarefas do campo ou nas lides da indústria para que o pão te não falhe.

Resides no lar, onde restauras as forças.

Dezenas de obreiros sofreram duras provas ao levantá-lo.

Materializas o pensamento na página fulgurante que o teu nome chancela.

Multidões de operários atendem ao serviço para que o papel te obedeça.

Ostentas o cetro da autoridade.

Milhares de companheiros suportam obscuras atividades para que o poder te brilhe nas mãos.

*

Quanto puderes, como puderes e onde puderes, na pauta da consciência tranquila, cede algo dos bens que desfrutas, em favor dos companheiros anônimos que te garantem os bens.

Protege os braços que te alimentam.

Ajuda aos que te sustentam a moradia.

Escreve em auxílio dos que te favorecem a inteligência.

Ampara os que te asseguram o bem-estar.

Ninguém consegue ser ou ter isso ou aquilo, sem que alguém lhe apoie os movimentos naquilo ou nisso.

Trabalha a benefício dos outros, considerando o esforço que os outros realizam por ti.

Não há rio sem fontes, como não existe frente sem retaguarda.

Na Terra, o astrônomo que define a luz das estrelas é também constrangido a sustentar-se com os recursos do chão.

CAPÍTULO 86

PENSAMENTO ESPÍRITA

> "[...] A seara é realmente grande, mas poucos os ceifeiros." – JESUS. (*Mateus*, 9:37.)
>
> "A Justiça de Deus é como o Sol: existe para todos, para o pobre, como para o rico." (Cap. 26, 4.)

SE TE PROPÕES COLABORAR NO APOSTOLADO LIBERtador do Espiritismo, auxilia o pensamento espírita a transitar, dando-lhe passagem, através de ti mesmo.

*

Prevalece-te dos títulos honrosos que o mundo te reservou, agindo conforme as sugestões que o pensamento espírita te oferece, demonstrando que a ilustração acadêmica ou o mandato de autoridade são instrumentos para benefício de todos e não recurso ao levantamento de qualquer aristocracia da opressão pela inteligência.

Despende as possibilidades materiais, centralizadas em tuas mãos, criando trabalho respeitável e estendendo a beneficência confortadora e reconstrutiva, na pauta da abnegação com que o pensamento espírita te norteia as atividades, provando que o dinheiro existe para ser disciplinado e conduzido no bem geral e não para escravizar o espírito à loucura da ambição desregrada.

Usa a independência digna que o pensamento espírita te dá, por intermédio do dever retamente cumprido, patenteando à frente dos outros, que é possível pensar livremente, com o jugo dos preconceitos, embora respeitando a condição dos semelhantes que ainda precisam desses mesmos preconceitos para viver.

Mobiliza a influência de que dispões, na sociedade ou na família, para edificar o conhecimento e garantir a consolação, segundo a tolerância que o pensamento espírita te inspira, denotando que, diante da Providência Divina, todos somos irmãos, com esperanças e dores, lutas e aspirações, imperfeições e faltas, igualmente irmãs uma das outras, e que, por isso mesmo, a confissão de fé representa instituto de aperfeiçoamento espiritual, com serviço permanente ao próximo, sem que tenhamos qualquer direito a privilégios que recordem essa ou aquela expressão de profissionalismo religioso.

*

Fala e escreve, age e trabalha, quanto possível, pela expansão do pensamento espírita, no entanto, para que o pensamento espírita produza frutos de alegria e concórdia, renovação e esclarecimento, é necessário vivas de acordo com as verdades que ele te ensina.

A cada minuto, surge alguém que te pede socorro para o frio da própria alma, contudo, para que transmitas o calor do pensamento espírita é imperioso estejas vibrando dentro dele. Diante da sombra, não adianta ligar o fio na tomada sem força, nem pedir luz em candeia morta.

CAPÍTULO 87

ANTE A MEDIUNIDADE

> *"[...] Dai gratuitamente o que gratuitamente recebestes." –* JESUS. (*Mateus*, 10:8.)
>
> *"Procure, pois, aquele que carece do que viver, recursos em qualquer parte, menos na mediunidade; não lhe consagre, se assim for preciso, senão o tempo de que materialmente possa dispor. Os Espíritos lhe levarão em conta o devotamento e os sacrifícios, ao passo que se afastam dos que esperam fazer deles uma escada por onde subam."* (Cap. 26, 10.)

MEDIUNIDADE NA BÊNÇÃO DO AUXÍLIO É SEMElhante à luz em louvor do bem.

Toda luz é providencial.

Toda mediunidade é importante.

*

Reflitamos na divina missão da luz, a expressar-se de maneiras diversas.

Temo-la no alto de torres, mostrando rota segura aos navegantes; nos postes da via pública, a benefício de todos; no recinto doméstico, em uso particular; nos sinais de trânsito, prevenindo desastres;

nos educandários, garantindo a instrução; nas enfermarias em socorro aos doentes; nas lanternas humildes, que ajudam o viajor, à distância do lar; nas câmaras do subsolo, alentando o operário suarento, na conquista do pão...

Todo núcleo de energia luminosa se caracteriza por utilidade específica.

Nenhum deles ineficiente, nenhum desprezível.

A vela bruxuleante que salva um barco, posto à matroca, é tão indispensável quanto o lustre aristocrático que se erige na escola, no amparo às inteligências transviadas na ignorância.

A candeia frágil que indica as letras de um livro, numa choça esquecida no campo, é irmã do foco vigoroso que assegura o êxito do salão cultural.

*

No que tange à luz, o espetáculo é acessório.

Vale o proveito.

Em matéria de mediunidade, o fenômeno é suplemento.

Importa o serviço.

Em qualquer tarefa das boas obras, deixa, pois, que a mediunidade te brilhe nas mãos.

Entre a lâmpada apagada e a força das trevas não há diferença.

CAPÍTULO 88

EM LOUVOR DA PRECE

> *"Quando quiserdes orar entrai para a vosso quarto e, fechada a porta, orai ao Pai, no íntimo; e o Pai que vê, no íntimo, vos recompensará."*
> – JESUS. (*Mateus*, 6:6.)
>
> *"Orai, enfim, com humildade, como o publicano, e não com orgulho, como o fariseu. Examinai os vossos defeitos, não as vossas qualidades e, se vos comparardes aos outros, procurai o que há em vós de mau."* (Cap. 27, 4.)

PEDISTE EM ORAÇÃO A CURA DE DOENTES AMADOS E a morte apagou-lhes as pupilas, regelando-te o coração; solicitaste o afastamento da prova e o acidente ocorreu, esmagando-te as esperanças; suplicaste a sustação da moléstia e a doença chegou a infligir-te deformidade completa; imploraste suprimentos materiais e a carência te bate à porta.

Mas se não abandonares a prece, aliada ao exercício das boas obras, granjearás paciência e serenidade, entendendo, por fim, que a desencarnação foi socorro providencial, impedindo sofrimentos insuportáveis; que o desastre se constituiu em medida de emergência para evitar calamidades maiores; que a mutilação física é defesa da própria alma contra quedas morais de soerguimento difícil e que as dificuldades da penúria são lições da vida, a fim de que a finança demasiada não se faça veneno ou explosivo nas tuas mãos.

*

Da mesma forma, quando suplicamos perdão das próprias faltas à Eterna Justiça, não bastam o pranto de compunção e a postura de reverência. Após o reconhecimento dos compromissos que nos são debitados no livro do espírito, continuamos tão aflitos e tão desditosos quanto antes. Contudo, se perseveramos na prece, com o serviço das boas ações que nos atestam a corrigenda, a breve trecho, perceberemos que a Lei nos restitui a tranquilidade e a libertação, com o ensejo de apagar as consequências de nossos erros, reintegrando-nos no respeito e na estima de todos aqueles que erigimos à condição de credores e adversários.

*

Se guardas esse ou aquele problema de consciência, depois de haver rogado perdão à Divina Bondade, sob o pretexto de continuar no fogo invisível da inquietação, não te afastes da prece mesmo assim.

Prossegue orando, fiel ao bem que te revele o espírito renovado.

A prece forma o campo do pensamento puro e toda construção respeitável começa na ideia nobre.

Realmente, sem trabalho que o efetive, o mais belo plano é sempre um belo plano a perder-se.

Não vale prometer sem cumprir.

A oração, dentro da alma comprometida em lutas na sombra, assemelha-se à lâmpada que se acende numa casa desarranjada; a presença da luz não altera a situação do ambiente desajustado e nem remove os detritos acumulados no recinto doméstico, entretanto, mostra sem alarde o serviço que se deve fazer.

CAPÍTULO 89

LEMBRA-TE AUXILIANDO

> *"[...] vosso Pai sabe o que vos é necessário, antes de vós lho pedirdes." –* JESUS. *(Mateus, 6:8.)*
>
> *"Os Espíritos sofredores reclamam preces e estas lhes são proveitosas, porque, verificando que há quem neles pense, menos abandonados se sentem, menos infelizes. Entretanto, a prece tem sobre eles ação mais direta: reanima-os, incute-lhes o desejo de se elevarem pelo arrependimento e pela reparação e, possivelmente, desvia-lhes do mal o pensamento."* (Cap. 27, 18.)

LEMBRA-TE DOS MORTOS, AUXILIANDO...

Indiscutivelmente, todos eles agradecem a flor de saudade que lhes atiras, mas redivivos qual se encontram, se pudessem te rogariam diretamente mais decisiva cooperação, além do preito de superfície.

Supõe-te no lugar deles, de quando em quando, notadamente daqueles que se ausentaram da Terra, carregando dívidas e aflições.

Imagina-te largando a convivência dos filhos recém-chegados do berço crivado de privações e pensa na gratidão que te faria beijar os próprios pés dos amigos que se dispusessem a socorrer-lhes o estômago torturado e a pele desprotegida.

Prefigura-te na condição dos que se despediram de pais desvalidos e enfermos, por decreto de inapelável separação, e pondera a felicidade que te tangeria todas as cordas do sentimento, diante dos irmãos que te substituíssem o carinho, ungindo-lhes a existência de esperança e consolo.

Julga-te no agoniado conflito dos que partiram violentamente, sob mágoas ferozes, legando à família atiçados braseiros de aversão e reflete no alívio que te sossegaria a mente fatigada, perante os corações generosos que te ajudassem a perdoar e servir, apagando o fogo do sofrimento.

Considera-te na posição dos que se afastaram à força, deixando ao lar aflitivos problemas e medita no agradecimento que sentirias ante os companheiros abnegados que lhes patrocinassem a solução.

Presume-te no círculo obscuro dos que passaram na Terra, dementados por terríveis enganos, a suspirarem no Além por renovação e progresso, e mentaliza o teu débito de amor para com todos os irmãos que te desculpassem os erros, propiciando-te vida nova, em bases de esquecimento.

Podes, sim, trabalhar em favor dos supostos extintos, lenindo-lhes o espírito com a frase benevolente e com o bálsamo da prece ou removendo as dificuldades e empeços que lhes marcam a retaguarda.

Lembra-te dos mortos, auxiliando...

Não apenas os vivos precisam de caridade, mas os mortos também.

CAPÍTULO 90

ORA E SEGUE

> *"[...] seja feita a vossa vontade, assim na Terra, como no Céu [...]." –* Jesus. (*Mateus,* 6:10.)
>
> *"Os Espíritos hão dito sempre: 'A forma nada vale, o pensamento é tudo. Ore, pois, cada um segundo suas convicções e da maneira que mais o toque. Um bom pensamento vale mais do que grande número de palavras com as quais nada tenha o coração'."* (Cap. 28, 1.)

Nas lides do cotidiano, é imperioso recordes que a existência terrestre é a grande escola, em que a dor comparece por essência do aprendizado e o obstáculo por lição.

E, portas adentro do educandário, a prece, por flama viva, será sempre fio luminoso, possibilitando-te assimilar a inspiração do Mestre, a fim de que te não faltem discernimento e fortaleza, paz e luz.

Não transformes, porém, a tua rogativa em constrangimento para os outros. Ao invés disso, faze dela o meio de tua própria renovação.

*

Em muitas circunstâncias, solicitas a cooperação daqueles que mais amas, na solução dos problemas que te apoquentam a vida e recebes indiferença ou perturbação por resposta.

Não desfaleças, nem te magoes.

Ora e segue adiante, rogando ao Senhor te auxilie a compreender sem desesperar.

Às vezes, nas agressivas dificuldades em que te encontras, aguardas a vinda de alguém capaz de aliviar o fardo que te pesa nos ombros e apenas surge quem te proponha dissabores e experimentos amargos.

Não te aflijas, nem te perturbes.

Ora e segue adiante, rogando ao Senhor te auxilie a sofrer sem ferir.

Deste longo tempo de abnegação aos familiares queridos, na convicção de recolher carinho e repouso na época do cansaço, e ouves, a cada hora, novas intimações à luta e ao sacrifício.

Não te revoltes, nem desanimes.

Ora e segue adiante, rogando ao Senhor te auxilie a servir sem reclamar.

Assumiste atitudes para fixar a verdade, no respeito ao bem de todos, contando, por isso, com o entendimento daqueles que te rodeiam e viste a desconfiança sombreando a face de muitos dos melhores companheiros que te conhecem a marcha.

Não chores, nem esmoreças.

Ora e segue adiante, rogando ao Senhor te auxilie a esperar sem exigir.

*

Em todas as provações, ora e segue adiante, rogando ao Senhor te auxilie a sustentar a consciência tranquila, no desempenho dos deveres que te competem.

E, se pedradas e humilhações te constituem o prato descabido no momento que passa, ora e segue adiante, lembrando que a criança pode revolver hoje o pó da terra, em formas de fantasia e agitações de brinquedo, no entanto, de futuro, nos dias da maturidade, há de tratá-lo com responsabilidade e suor, se quiser obter agasalho e pão, que lhe garantam a vida. Isso porque Deus é a força do tempo, tanto quanto o tempo é a força de Deus.

ÍNDICE GERAL[5]

Aflição
    amparo ao padecente de * e injustiça – 35

Alegria
    plantio da * e da esperança – 31

Alma
    caminhos às vitórias – 81
    donativos – 25
    imortalidade – 68
    socorro para o frio – 86
    visita dos desatinos – 57

Amigo
    interrogações condenatórias do * ausente – 21

Amor
    brilho do * sobre as dificuldades – 9
    cura das angústias da vida – 2
    extinção do braseiro do ódio – 67
    gesto – 85

Ângelo, Miguel
    imortalização do próprio nome – 10

Apoio
    súplica de * e consolação para os companheiros – 19

---

[5] **N.E.:** Remete ao número do capítulo.

Ateísmo
incrédulo enrijecido – 63

Bem
afastamento – 79
anseio pela vitória – 27
apoio ao * para que o bem nos apoie – 71
conceito – 50
desapego ao * próprio – 80
exaltação – 26
exercício – 47
garantia do bem devido aos outros – 50
manejo do dinheiro para o * ou para o mal – 44
prática desinteressada – 29
transformação para o * ou para o mal – 62

Bem-aventurado
bendita carga das próprias obrigações – 75

Beneficência
caráter de dever puro e simples – 30
exame – 30
obrigação de ajudar – 30

Biblioteca
conceito – 18

Bom Samaritano
história – 40

Caráter
processo de desagregação – 5

Caridade
dinheiro nas mãos – 48
mestra sublime do coração – 14

Célula
centro de energia – 54
mortos também precisam – 89
psicologia – 28
sistema contábil do Universo – 42

Ciência
reconforto da Humanidade e * dos homens – 2
revelação nos laboratórios – 56

Cólera
bomba de rastilho curto – 22

Comodidade
apego excessivo – 52

Compaixão
cultivador – 32
expressão da * e socorro – 32

Concessão
transfiguração da * em valores eternos da alma – 42

Consanguinidade
livro de lições – 39

Consciência
cultivo da fidelidade à própria – 81
exame – 79
problema – 88

Convenções
medidas justificáveis nas * humanas – 76

Copo de água
bênção – 31
crédito sublime da alma – 25

Corpo
bênção – 10, 53
engenho divino – 54
faculdades prodigiosas – 45
percepção da grandeza – 53
retrata a inteligência no planeta – 53

Coração
petrificado – 46

Criança
depósito dos bens e males no espírito – 18

Cristianismo
Espiritismo e restauração – 17
significado do termo – 65

Cristo *ver também* Jesus
convidados de * em nossa casa – 36
cristãos sem –14
exortação e promessa – 77
interpretações das palavras – 84
obras de assistência – 36

Culto espírita
templo vivo na consciência – 1
reverência – 1

Cura
teorias de * espiritual – 79

Débito
arrastamento do * do passado ao
presente – 76

Depressão
conversão da * em veneno – 11

Desencarnação
socorro providencial – 88

Destino
renovação do * todos os dias – 60

Deus
auxílio permanente – 42
Infinita Sabedoria – 20
no plano moral * é a raiz da Justiça – 83
Sabedoria Divina – 1

Dificuldades
condição para superar * próprias – 60

Dinheiro
causa dos males – 49
consulta o * disponível – 47
criação – 49
crítica ao * delatado – 48
estimulante do erro – 44
inimigo da evolução – 44
lidador fiel – 55
manejo do * para o bem ou para o mal – 44
pão que extingue a fome – 46
passagem para o reino do bem – 49
precipícios dourados da vida moderna – 46
transfiguração do * em clarão espiritual – 46
veneno que promove a secura do sentimento – 44

Dívida
sinal de que a * permanece – 76

Divino Médico *ver* Jesus

Divino Mestre *ver também* Jesus
   pacificadores abençoados – 21
   reverência – 14

Divino Orientador *ver* Jesus

Doente
   salvação do * e fuga do remédio – 88

Doutrina Espírita
   auxílio da * na descoberta dos Estatutos Divinos – 7
   Cristianismo Renascente – 70, 77
   desenvolvendo o ensinamento do Cristo – 58
   espírita na prática – 66
   exclusivismo e intransigência – 68
   prática desinteressada do bem – 29
   religião da assistência gratuita – 77
   religião da solidariedade – 77
   religião do desprendimento – 77
   religião do esclarecimento livre – 77
   religião do pensamento reto – 77
   responsabilidade de viver – 14
   significação real das palavras do Cristo – 80

Egoísmo
   felicidade sozinha, * consagrado – 71

Encarnação
   necessidade da * e da reencarnação do Espírito

Escola
   renovação na * da experiência – 13

Esforço Humano
   impositivo – 82

Espírita(s)
características essenciais – 66
cristão chamado a entender e auxiliar – 12
definição – 66, 70
definições * que nos traçam deveres – 72
expansão do pensamento – 86

Espiritismo
apostolado libertador – 86
religião da verdade e do amor, da justiça e da responsabilidade – 37
renovação moral – 72
restauração do Cristianismo – 17

Espírito de Verdade
espíritas, instruí-vos – 15

Espírito(s)
almas enfermas de muitos séculos – 88
atitude moral dos * benfeitores – 9
convivência dos * de eleição – 76
junção compulsória do * ao veículo carnal – 7
necessidade da encarnação e da reencarnação – 20
presença dos * guardiães – 9

Espiritualidade Superior
insulamento – 71

Evangelho
convocação à obra – 79
livro de dor – 11
luz inapagável – 26
Tiago, 4:17 – 37

Evangelho Redivivo *ver* Doutrina Espírita
Evangelho segundo o espiritismo, O, livro
Allan Kardec – 1, 64
Cap. 1, 7 – 1; Cap. 1, 9 – 2; Cap. 2, 3 – 3; Cap. 3, 2 – 4; Cap. 3, 14 – 5; Cap. 4, 4 – 6; Cap. 4, 16 – 7; Cap. 4, 18 – 8; Cap. 5, 12 – 9; Cap. 5, 25 – 11; Cap. 5, 26 – 10, 12; Cap. 5, 27 – 13; Cap. 6, 4 – 14; Cap. 6, 5 – 15; Cap. 7, 6 – 16; Cap. 7, 12 – 17; Cap. 8, 3 – 18; Cap. 8, 4 – 19; Cap. 8, 13 – 20; Cap. 9, 5 – 21; Cap. 9, 6 – 22; Cap. 9, 7 – 23; Cap. 9, 10 – 24; Cap. 10, 4 – 25; Cap. 10, 16 – 26; Cap. 10, 17 – 27; Cap. 11, 4 –28; Cap. 11, 9 – 29; Cap. 11, 12 – 30; Cap. 11, 14 – 31; Cap. 12, 3 – 32; Cap. 12, 10 – 33; Cap. 13, 6 – 34; Cap. 13, 8 – 35; Cap. 13, 9 – 36; Cap. 13, 12 – 37; Cap. 14, 3 – 38; Cap. 14, 8 – 39; Cap. 15, 3 – 40; Cap. 15, 5 – 41; Cap. 15, 10 – 42; Cap. 16, 7 – 43; Cap. 16, 8 – 44; Cap. 16, 9 – 45; Cap. 16, 10 – 45; Cap. 16, 11 – 47; Cap. 16, 14 – 48; Cap. 16, 14 – 49; Cap. 17, 3 – 50; Cap. 17, 8 – 51; Cap. 17, 10 – 52; Cap. 17, 11 – 53, 54; Cap. 18, 5 – 55; Cap. 18, 9 – 56; Cap. 18, 12 –57; Cap. 18, 15 – 58, 59; Cap. 18, 16 – 60; Cap. 19, 3 – 61; Cap. 19, 4 – 62; Cap. 19, 7 – 62; Cap. 19, 9 – 64; Cap. 19, 11 – 65; Cap. 20, 2 – 66; Cap. 20, 3 – 67; Cap. 20, 4 – 68; Cap. 20, 4 – 70; Cap. 20, 5 – 71; Cap. 20, 40 – 69; Cap. 21, 7 – 72; Cap. 21, 8 – 73; Cap. 21, 9 – 74; Cap. 22, 3 – 75, 76; Cap. 23, 17 – 77; Cap. 24, 12 – 78, 79; Cap. 24, 19 – 80; Cap. 25, 3 – 81, 82; Cap. 25, 4 – 83; Cap. 25, 7 – 84; Cap. 25, 8 – 85; Cap. 26, 4 – 96; Cap. 26, 10 – 87; Cap. 27, 4 – 88; Cap. 27, 18 – 89; Cap. 28, 1 – 90
médiuns – 64

Evolução
busca de * e aprimoramento – 60
criatura humana – 61

Excelso Benfeitor *ver* Jesus
Exterior
distinção entre * e conteúdo – 72

Fadiga
    imolação do próprio corpo à * precoce – 5

Fé
    penetração nos círculos da * renovadora – 4

Felicidade
    apropriação da * alheia – 51
    construção da própria – 41
    retorno da * dos outros ao nosso coração – 71

Filho
    credor do passado – 38
    joia de luz – 38

Filho-companheiro
    apoio da alma – 38

Filho-credor
    instrutor de feição diferente – 38

Guerra
    inteligência sem educação espiritual – 17

Honras
    fascínio pelas * exteriores – 3

Humanidade
    família única – 35
    prevenção, recuperação e progresso – 15
    sem escola – 17

Humildade
    acessibilidade – 68

Ideia espírita
consagração do melhor de nós mesmos – 68
considerações – 68
difusão – 68

Igreja
formação de orientadores condicionados – 77

Ilaquear
significado da expressão – 43, nota

Incrédulo
ateísmo e * enrijecido – 63
compadecimento – 63
viajores de indesejável convívio – 63

Indulgência
renovação do modo de pensar – 27

Infinita Bondade *ver também* Deus
dia da suprema integração – 56
dons inexprimíveis – 45

Infinita Sabedoria *ver* Deus
Ingenuidade
flor preciosa – 20

Instituto Universal da Providência Divina
investimentos – 25

Instrução
reconhecimento da necessidade – 74

Inteligência
abuso – 7
características – 56

Inteligência Divina *ver também* Deus
medita na grandeza – 45

Jesus
auxílio, amparo, consolo, instrução – 52
candidatos à integração – 75
conjugação do trigo e do joio – 32
convidados para o festim – 35
deserção dos círculos afetivos – 35
exercício de caridade real – 40
finança dignamente empregada – 84
importância do tempo – 67
João, 3:3 – 6; João, 3:6 – 8; João, 3:7 – 7; João, 8:32 – 63; João, 12:35 – 67; João, 14:1 – 4; João, 14:2 – 5; João, João, 14:15 – 77; 14:21 – 71; João, 14:26 – 15; João, 16:24 – 62; João, 16:33 – 70; João, 17:18 – 64; João, 17:24 – 69; João, 18:36 – 3; João, 20:21 – 68; Lucas, 6:21 – 11; Lucas, 6:31 – 30; Lucas, 6:35 – 32; Lucas, 6:37 – 33; Lucas, 6:38 – 12; Lucas, 6:44 – 73; Lucas, 6:45 – 65; Lucas, 12:15 – 43; Lucas, 12:48 – 57; Lucas, 14:11 – 16; Lucas, 14:12 – 35; Lucas, 14:13 – 36; Marcos, 3:35 –39; Marcos, 10:14 – 19; Marcos, 4:25 – 58; Marcos, 4:26 – 59; Marcos, 8:34 – 80; Marcos, 10:15 – 18; Marcos, 12:43 – 34; Mateus, 5:3 – 26; Mateus, 5:4 – 9; Mateus, 5:5 – 22; Mateus, 5:7 – 25; Mateus, 5:9 – 21; Mateus, 5:10 – 51; Mateus, 5:13 – 10; Mateus, 5:14 – 13; Mateus, 5: 16 – 23; Mateus, 5:17 – 1; Mateus; 5:18 – 2; Mateus, 5:22 – 24; Mateus, 5:40 – 27; Mateus, 5:42 – 41; Mateus, 5:48 – 50; Mateus, 6:6 – 88; Mateus, 6:8 – 89; Mateus, 6:10 – 90; Mateus, 6:19 – 42; Mateus, 6:20 – 37; Mateus, 6:21 – 45; Mateus, 6:22 – 54; Mateus, 6:24 – 47; Mateus, 6:25 – 49; Mateus, 6:26 – 84; Mateus, 7:2 – 85; Mateus, 7:7 – 81; Mateus, 7:8 – 82; Mateus, 7:12 – 28; Mateus, 7:13 – 55; Mateus, 7:14 – 29; Mateus; 7:17– 48; Mateus, 7:21 – 60; Mateus; 7:24 – 56; Mateus 9:12 – 88; Mateus, 9:13 – 79; Mateus, 9:37 – 86; Mateus, 10:8 – 87; Mateus, 11:25 – 17; Mateus, 11:28 – 14; Mateus, 11:29 – 75; Mateus, 13:3 – 52; Mateus, 13:16 – 53;

Mateus, 16:27 – 83; Mateus, 17:20 – 61; Mateus, 18:7– 20;
Mateus; 18:14 – 31; Mateus, 19:6 – 76; Mateus, 19:19 – 38;
Mateus, 20:16 – 66; Mateus, 24:4 – 72; Mateus, 24:5 – 74;
Mateus, 25: 14 – 45; Mateus, 25:23 – 44; Mateus; 25:40 – 40
merecimento do convívio – 80
receitas articuladas à terapia da alma – 88
samaritano generoso – 28

Juvenil
desajustamento – 15

Kardec, Allan
Evangelho segundo o espiritismo, O, livro – 1, 64
Livro dos espíritos, O, 642 – 37
proclamação e esclarecimento – 77

Lar
concessão do refúgio – 8
escola bendita do reajuste – 8
vítimas da obsessão e do erro – 40

Leis de Deus
efetuam o máximo em nosso favor – 82
proteção – 82

Livre-arbítrio
negação – 7

Livro dos espíritos, O
Allan Kardec – 37
pergunta 642 – 37

Lixo moral
eliminação – 54

Loucura
impedimento das páginas que estampam – 74

Mãe
auscultação do sentimento da * devotada – 9

Mal(es)
comentários do * para exaltação do bem – 26
extirpação dos * da Terra – 61
geração de * pela força da violência – 27

Malfeitor
silêncio e amparo sempre – 33

Mãos
entrega das próprias * nas mãos de Jesus – 13

Médium
considerações – 64
intérprete dos Espíritos – 64

Mediunidade
formação do bem – 64
luz em louvor do bem – 87

Meio-bem
afeiçoamento às atividades – 29
insinuação do mal – 29

Missão
conceito – 16
condições para cumprimento – 16

Moeda
agente neutro de trabalho – 46

Moral
conquista da ascendência – 51

Morte
sentimentos depois – 8

Mortos
lembrança dos * auxiliando – 89

Mundo
extinção no * a nódoa do desabrigo – 65
imenso vale de lágrimas – 11
poço de tentações e culpas – 12
sede de raciocínios – 68
transformação do * em radioso paraíso – 61

Natureza
lições – 16

Obra espírita
construção do Evangelho – 70

Obsessão
perseverança na preguiça – 59

Ouro
facilidades que o * proporciona – 42

Paciência
conceito – 23, 25
Jesus, * sem lindes – 23
prática humilde – 81

Palavra(s)
considerações – 24
conversão em raio da morte – 22
corrosivo da malícia – 26
interpretações das * do Cristo – 84
pedido de * esclarecedoras – 32

Parentela
Instituto Primário de Caridade – 39

Pensamento(s)
entrega aos * desordenados – 57

Personalidade
admiração – 81

Plano físico
leis do * e do Plano Espiritual – 41

Prece
assimilação da inspiração de Jesus – 90
bálsamo da * para os mortos – 89
em louvor – 88
forma o campo do pensamento puro – 88
limitação – 73

Preguiça
perseverança na *, sombra da obsessão – 59

Progresso
edificação – 71

Raciocínio
pacificação – 15

Reencarnação(ões)
passagem pelo educandário – 76
perda – 80
princípios – 7

Reencarnado
reencontro – 8

Religião
riquezas terrestres – 77

Resignação
estrada bendita – 51

Responsabilidade
noção – 83

Sabedoria Divina *ver* Deus
Sabedoria do Universo *ver* Deus
Samaritano generoso
Jesus – 28

Seara Espírita
rememoração do Cristianismo Redivivo – 73

Senso
perda do * íntimo – 3

Sentimento
resistência do * aos aguilhões do desejo – 81

Serviço
abençoado * extra – 51
condição para – 51

Silêncio
guardar o * quando preciso – 22
guardião da serenidade – 22

Sinceridade
depreciação ao culto – 57

Sofrimento
auxílio no * sem ferir – 90
instrumentação do * reparador – 75

Solidariedade
ação e serviço na * humana – 37

Talento
mobilização – 19

Tarefa
dicionário das Leis Divinas – 16

Templo Espírita-Cristão
conceito de trabalho – 69
esclarecimento temperado de gentileza – 69

Tempo
concessão de Senhor – 67
emprego dos créditos do * e dos tesouros da vida – 43
importância – 67

Terra
condenação da * pelo desequilíbrio de alguns – 5
construção da * melhor – 3
desintegração – 15
grande escola – 90

Tessalonicenses, I
Apóstolo Paulo – 74

Trabalho
autoridade moral – 47
conceito – 69, 71
extensão dos tesouros do * e das riquezas do amor – 45
importância – 59
respeito ao * construtivo – 34

Trevas
poder das * e intelectualidade – 17

Tristeza
prejuízo da * destrutiva – 31

Universidade
bendita * do Espírito – 4

Universo
sustentação – 69

Verbo
luz da vida – 19
temperado na boca – 24

Vida
conceito – 80
reflexão sobre quadros – 58
renovação para o Bem Eterno – 59
sacrifício na forja – 55

Vontade
juiz supremo – 62

O LIVRO ESPÍRITA

Cada livro edificante é porta libertadora.

O livro espírita, entretanto, emancipa a alma nos fundamentos da vida.

O livro científico livra da incultura; o livro espírita livra da crueldade, para que os louros intelectuais não se desregrem na delinquência.

O livro filosófico livra do preconceito; o livro espírita livra da divagação delirante, a fim de que a elucidação não se converta em palavras inúteis.

O livro piedoso livra do desespero; o livro espírita livra da superstição, para que a fé não se abastarde em fanatismo.

O livro jurídico livra da injustiça; o livro espírita livra da parcialidade, a fim de que o direito não se faça instrumento da opressão.

O livro técnico livra da insipiência; o livro espírita livra da vaidade, para que a especialização não seja manejada em prejuízo dos outros.

O livro de agricultura livra do primitivismo; o livro espírita livra da ambição desvairada, a fim de que o trabalho da gleba não se envileça.

O livro de regras sociais livra da rudeza de trato; o livro espírita livra da irresponsabilidade que, muitas vezes, transfigura o lar em atormentado reduto de sofrimento.

O livro de consolo livra da aflição; o livro espírita livra do êxtase inerte, para que o reconforto não se acomode em preguiça.

O livro de informações livra do atraso; o livro espírita livra do tempo perdido, a fim de que a hora vazia não nos arraste à queda em dívidas escabrosas.

Amparemos o livro respeitável, que é luz de hoje; no entanto, auxiliemos e divulguemos, quanto nos seja possível, o livro espírita, que é luz de hoje, amanhã e sempre.

O livro nobre livra da ignorância, mas o livro espírita livra da ignorância e livra do mal.

Emmanuel[1]

---

1 Página recebida pelo médium Francisco Cândido Xavier, em reunião pública da Comunhão Espírita Cristã, na noite de 25 de fevereiro de 1963, em Uberaba (MG), e transcrita em *Reformador*, abr. 1963, p. 9.

LITERATURA ESPÍRITA

Em qualquer parte do mundo, é comum encontrar pessoas que se interessem por assuntos como imortalidade, comunicação com Espíritos, vida após a morte e reencarnação. A crescente popularidade desses temas pode ser avaliada com o sucesso de vários filmes, seriados, novelas e peças teatrais que incluem em seus roteiros conceitos ligados à Espiritualidade e à alma.

Cada vez mais, a imprensa evidencia a literatura espírita, cujas obras impressionam até mesmo grandes veículos de comunicação devido ao seu grande número de vendas. O principal motivo pela busca dos filmes e livros do gênero é simples: o Espiritismo consegue responder, de forma clara, perguntas que pairam sobre a Humanidade desde o princípio dos tempos. Quem somos nós? De onde viemos? Para onde vamos?

A literatura espírita apresenta argumentos fundamentados na razão, que acabam atraindo leitores de todas as idades. Os textos são trabalhados com afinco, apresentam boas histórias e informações coerentes, pois se baseiam em fatos reais.

Os ensinamentos espíritas trazem a mensagem consoladora de que existe vida após a morte, e essa é uma das melhores notícias que podemos receber quando temos entes queridos que já não habitam mais a Terra. As conquistas e os aprendizados adquiridos em vida sempre farão parte do nosso futuro e prosseguirão de forma ininterrupta por toda a jornada pessoal de cada um.

Divulgar o Espiritismo por meio da literatura é a principal missão da FEB, que, há mais de cem anos, seleciona conteúdos doutrinários de qualidade para espalhar a palavra e o ideal do Cristo por todo o mundo, rumo ao caminho da felicidade e plenitude.

CARIDADE: AMOR EM AÇÃO

Sede bons e caridosos: essa a chave que tendes em vossas mãos. Toda a eterna felicidade se contém nesse preceito: "Amai-vos uns aos outros". KARDEC, Allan. *O evangelho segundo o espiritismo*, cap. 13, it. 12.

A Federação Espírita Brasileira (FEB), em 20 de abril de 1890, iniciou sua *Assistência aos Necessitados* após sugestão de Polidoro Olavo de S. Thiago ao então presidente Francisco Dias da Cruz. Durante oitenta e sete anos, esse atendimento representava o trabalho de auxílio espiritual e material às pessoas que o buscavam na Instituição. Em 1977, esse serviço passou a chamar-se Departamento de Assistência Social (DAS), cujas atividades assistenciais nunca se interromperam.

Desde então, a FEB, por seu DAS, desenvolve ações socioassistenciais de proteção básica às famílias em situação de vulnerabilidade e risco socioeconômico. Fortalece os vínculos familiares por meio de auxílio material e orientação moral-doutrinária com vistas à promoção social e crescimento espiritual de crianças, jovens, adultos e idosos.

Seu trabalho alcança centenas de famílias. Doa enxovais para recém-nascidos, oferece refeições, cestas de alimentos, cursos para jovens, serviços de convivência e fortalecimento de vínculos para idosos e organiza doações de itens que são recebidos na Instituição e repassados a quem necessitar.

Essas atividades são organizadas pelas equipes do DAS e apoiadas com recursos financeiros da Instituição, dos frequentadores da Casa e por meio de doações recebidas, num grande exemplo de união e solidariedade.

Seja sócio-contribuinte da FEB, adquira suas obras e estará colaborando com o seu Departamento de Assistência Social.

O QUE É ESPIRITISMO?

O Espiritismo é um conjunto de princípios e leis revelados por Espíritos Superiores ao educador francês Allan Kardec, que compilou o material em cinco obras que ficariam conhecidas posteriormente como a Codificação: *O livro dos espíritos*, *O livro dos médiuns*, *O evangelho segundo o espiritismo*, *O céu e o inferno* e *A gênese*.

Como uma nova ciência, o Espiritismo veio apresentar à Humanidade, com provas indiscutíveis, a existência e a natureza do Mundo Espiritual, além de suas relações com o mundo físico. A partir dessas evidências, o Mundo Espiritual deixa de ser algo sobrenatural e passa a ser considerado como inesgotável força da Natureza, fonte viva de inúmeros fenômenos até hoje incompreendidos e, por esse motivo, são tidos como fantasiosos e extraordinários.

Jesus Cristo ressaltou a relação entre homem e Espírito por várias vezes durante sua jornada na Terra, e talvez alguns de seus ensinamentos pareçam incompreensíveis ou sejam erroneamente interpretados por não se perceber essa associação. O Espiritismo surge então como uma chave, que esclarece e explica as palavras do Mestre.

A Doutrina Espírita revela novos e profundos conceitos sobre Deus, o Universo, a Humanidade, os Espíritos e as leis que regem a vida. Ela merece ser estudada, analisada e praticada todos os dias de nossa existência, pois o seu valioso conteúdo servirá de grande impulso à nossa evolução.

O EVANGELHO NO LAR

Quando o ensinamento do Mestre vibra entre quatro paredes de um templo doméstico, os pequeninos sacrifícios tecem a felicidade comum.[1]

Quando entendemos a importância do estudo do Evangelho de Jesus, como diretriz ao aprimoramento moral, compreendemos que o primeiro local para esse estudo e vivência de seus ensinos é o próprio lar.

É no reduto doméstico, assim como fazia Jesus, no lar que o acolhia, a casa de Pedro, que as primeiras lições do Evangelho devem ser lidas, sentidas e vivenciadas.

O espírita compreende que sua missão no mundo principia no reduto doméstico, em sua casa, por meio do estudo do Evangelho de Jesus no Lar.

Então, como fazer?

Converse com todos que residem com você sobre a importância desse estudo, para que, em família, possam compreender melhor os ensinamentos cristãos, a partir de um momento de união fraterna, que se desenvolverá de maneira harmônica e respeitosa. Explique que as reflexões conjuntas acerca do Evangelho permitirão manter o ambiente da casa espiritualmente saneado, por meio de sentimentos e pensamentos elevados, favorecendo a presença e a influência de Mensageiros do Bem; explique, também, que esse momento facilitará, em sua residência, a recepção do amparo espiritual, já que auxilia na manutenção de elevado padrão vibratório no ambiente e em cada um que ali vive.

Convide sua família, quem mora com você, para participar. Se mora sozinho, defina para você esse momento precioso de estudo e reflexões. Lembre-se de que, espiritualmente, sempre estamos acompanhados.

Escolha, na semana, um dia e horário em que todos possam estar presentes.

O tempo médio para a realização do Evangelho no Lar costuma ser de trinta minutos.

---

[1] XAVIER, Francisco Cândido. *Luz no lar*. Por Espíritos diversos. 12. ed. 7. imp. Brasília: FEB, 2018. Cap. 1.

As crianças são bem-vindas e, se houver visitantes em casa, eles também podem ser convidados a participar. Se não forem espíritas, apenas explique a eles a finalidade e importância daquele momento.

O seguinte roteiro pode ser utilizado como sugestão:

1. Preparação: leitura de mensagem breve, sem comentários;
2. Início: prece simples e espontânea;
3. Leitura: *O evangelho segundo o espiritismo* (um ou dois itens, por estudo, desde o prefácio);
4. Comentários: breves, com a participação dos presentes, evidenciando o ensino moral aplicado às situações do dia a dia;
5. Vibrações: pela fraternidade, paz e pelo equilíbrio entre os povos; pelos governantes; pela vivência do Evangelho de Jesus em todos os lares; pelo próprio lar...
6. Pedidos: por amigos, parentes, pessoas que estão necessitando de ajuda...
7. Encerramento: prece simples, sincera, agradecendo a Deus, a Jesus, aos amigos espirituais.

As seguintes obras podem ser utilizadas nesse momento tão especial:

- *O evangelho segundo o espiritismo*, como obra básica;
- *Caminho, verdade e vida*; *Pão nosso*; *Vinha de luz*; *Fonte viva*; *Agenda cristã*.

Esse momento no lar não se trata de reunião mediúnica e, portanto, qualquer ideia advinda pela via da intuição deve permanecer como comentário geral, a ser dito de maneira simples, no momento oportuno.

No estudo do Evangelho de Jesus no Lar, a fé e a perseverança são diretrizes ao aprimoramento moral de todos os envolvidos.

FEB editora
Livro espírita para um novo mundo
www.febeditora.com.br
@febeditoraoficial
@febeditora

Conselho Editorial:
Jorge Godinho Barreto Nery – Presidente
Geraldo Campetti Sobrinho – Coord. Editorial
Cirne Ferreira de Araújo
Evandro Noleto Bezerra
Maria de Lourdes Pereira de Oliveira
Marta Antunes de Oliveira de Moura
Miriam Lúcia Herrera Masotti Dusi

Produção Editorial:
Elizabete de Jesus Moreira
Luciana Vecchi M. Cunha

Revisão:
Wagna Carvalho

Capa, Diagramação e Projeto Gráfico:
César Oliveira

Foto de Capa:
Acervo público | pexels.com

Normalização Técnica:
Biblioteca de Obras Raras e Documentos Patrimoniais do Livro

Esta edição foi impressa pela Editora Vozes Ltda., Petrópolis, RJ, com tiragem de 2 mil exemplares, todos em formato fechado de 155x230 mm e com mancha de 100x175 mm. Os papéis utilizados foram o Off white slim 65g/m² para o miolo e o Cartão 250 g/m² para a capa. O texto principal foi composto em Chronicle Text G1 13/17 e os títulos em RNS Camelia 22/26. Pantone miolo 3015U. Impresso no Brasil. *Presita en Brazilo.*